AF200813

Seneca

Epistulae morales ad Lucilium

Liber I
Epistulae I-XII

Latein/Deutsch

Michael Weischede

Herstellung und Verlag
Books on Demand GmbH Norderstedt

ISBN 9783751903448

© 2020 Michael Weischede

Das Werk einschließlich aller seiner Teile ist urheberrechtlich geschützt.
Alle Rechte bleiben vorbehalten.

Bibliografische Information der Deutschen Nationalbibliothek

Die Deutsche Nationalbibliothek verzeichnet diese Publikation in der
Deutschen Nationalbibliografie; detaillierte bibliografische Daten sind im
Internet über http://dnb.dnb.de abrufbar.

MIX
Papier aus verantwortungsvollen Quellen
Paper from responsible sources
FSC
www.fsc.org
FSC® C105338

--- ⚜ ---

Vorwort

Senecas Briefe an seinen Freund Lucilius gehören zu den wenigen Texten der lateinischen Literatur, die auch nach dem Zusammenbruch des Römischen Reiches nicht in Vergessenheit gerieten. Während die meisten Publikationen der Antike erst in der Renaissance „wiedergeboren" wurden, fanden die Epistulae morales ad Lucilium bis in unsere Zeit hinein durchgängig eine interessierte Leserschaft. Aus diesem Grund herrscht auch heute kein Mangel an Übersetzungen der Briefe. Es erschien mir deshalb wenig sinnvoll, eine weitere hinzuzufügen, ohne einen gesonderten Schwerpunkt zu setzen. Ich habe mich deshalb ganz bewusst für ein möglichst text- und wortgetreues Vorgehen entschieden und mich dabei, soweit es ging, an die Wortvorschläge der gängigen Lexika gehalten (Georges, PONS, Stowasser, Langenscheidt usw.). Vor allem Schülern sollte es auf diese Weise leichter fallen, die Übersetzung aus dem Lateinischen nachzuvollziehen und bei Bedarf mit ihren eigenen Bemühungen zu vergleichen.

Der lateinische Textteil stammt aus verschiedenen Internetquellen, wobei das Augenmerk auf der Gemeinfreiheit lag. Er ist also nicht editiert, und ich habe mir zudem erlaubt, ihn hier und da an meine stilistischen Vorlieben anzupassen. Für ein ernsthaftes wissenschaftliches Arbeiten ist er dementsprechend nicht geeignet. Er soll nur aufzeigen, auf welcher Grundlage die Übersetzung erfolgte.

Soweit mir meine Motivation für dieses Projekt nicht abhanden kommt, werde ich nach und nach alle 20 Bücher mit den Briefen an Lucilius übersetzen und veröffentlichen. Bei meiner eher gemächlichen Arbeitsweise kann das allerdings einige Zeit dauern ...

Dortmund im März 2020

Liber I – Epistula I

Seneca Lucilio suo Salutem,

(1) Ita fac, mi Lucili: vindica te tibi, et tempus quod adhuc aut auferebatur aut subripiebatur aut excidebat collige et serva. Persuade tibi hoc sic esse ut scribo: quaedam tempora eripiuntur nobis, quaedam subducuntur, quaedam effluunt. Turpissima tamen est iactura quae per neglegentiam fit. Et si volueris attendere, magna pars vitae elabitur male agentibus, maxima nihil agentibus, tota vita aliud agentibus.

(2) Quem mihi dabis qui aliquod pretium tempori ponat, qui diem aestimet, qui intellegat se cotidie mori? In hoc enim fallimur, quod mortem prospicimus: magna pars eius iam praeterit; quidquid aetatis retro est mors tenet. Fac ergo, mi Lucili, quod facere te scribis, omnes horas complectere; sic fiet ut minus ex crastino pendeas, si hodierno manum inieceris. Dum differtur vita transcurrit.

(3) Omnia, Lucili, aliena sunt, tempus tantum nostrum est; in huius rei unius fugacis ac lubricae possessionem natura nos misit, ex qua expellit quicumque vult. Et tanta stultitia mortalium est ut quae minima et vilissima sunt, certe reparabilia, imputari sibi cum impetravere patiantur, nemo se iudicet quicquam debere qui tempus accepit, cum interim hoc unum est quod ne gratus quidem potest reddere.

Buch 1 – Brief 1

Seneca grüßt seinen Lucilius,

(1) Mache es so, mein Lucilius: schütze dich vor dir selbst und sammle und bewahre daher die Zeit, die bisher entweder in Anspruch genommen wurde, [oder] gestohlen wurde oder verloren ging. Überzeuge dich, dass es so ist, wie ich schreibe: einige Zeiten werden uns geraubt, einige heimlich weggenommen, einige entgleiten den Händen. Der schmählichste Verlust ist jedoch einer, der durch Nachlässigkeit entsteht. Und sofern du es beachten willst: ein großer Teil des Lebens entgleitet denjenigen, die schlecht handeln, ein sehr großer denjenigen, die nichts tun, das gesamte Leben denjenigen, die Nebensächliches betreiben.

(2) Wen wirst du mir benennen, der den ungefähren Preis der Zeit bestimmen kann, der den Tag würdigen kann, der verstehen kann, dass er täglich stirbt. In diesem nämlich werden wir getäuscht, dass wir den Tod in der Ferne erblicken: ein großer Teil von ihm verstreicht eben jetzt; der Tod umfasst alles, was an Lebenszeit zurückliegt. Mache es also, mein Lucilius, wie du schreibst, dass du es machst: alle Stunden zu pflegen. Auf diese Weise wird es geschehen, dass du weniger vom folgenden Tag abhängig bist, wenn du vom heutigen Besitz ergreifst. Während man es aufschiebt, eilt das Leben vorbei.

(3) Alles sind fremde Güter, Lucilius, nur die Zeit gehört uns. Die Natur hat uns in den Besitz dieser einen vergänglichen und flüchtigen Sache gebracht, aus der [uns] vertreibt, wer immer will. Und eine so große Dummheit besitzen die Sterblichen, dass sie es zulassen, dass ihnen angerechnet wird, was das Geringste und Wertloseste, jedenfalls das Ersetzbare ist, sooft sie es erlangt haben, dass niemand, der die Zeit in Empfang genommen hat, glaubt, das er irgendetwas schuldig ist, während dies doch das Einzige ist, was er gewiss nicht mit Dank zurückgeben kann.

(4) Interrogabis fortasse quid ego faciam qui tibi ista praecipio. Fatebor ingenue: quod apud luxuriosum sed diligentem evenit, ratio mihi constat impensae. Non possum dicere nihil perdere, sed quid perdam et quare et quemadmodum dicam; causas paupertatis meae reddam. Sed evenit mihi quod plerisque non suo vitio ad inopiam redactis: omnes ignoscunt, nemo succurrit.

(5) Quid ergo est? Non puto pauperem cui quantulumcumque superest sat est; tu tamen malo serves tua, et bono tempore incipies. Nam ut visum est maioribus nostris, 'sera parsimonia in fundo est'; non enim tantum minimum in imo sed pessimum remanet. Vale.

(4) Du wirst dich vielleicht fragen, was ich selbst tue, der ich dich diese [Dinge] lehre. Ich werde es aufrichtig bekennen: [es ist das] was bei einem Ausschweifenden, aber Gewissenhaften sich einstellt – die Summe des Aufwands ist mir bekannt. Ich kann nicht behaupten, nichts [an Zeit] zu verschwenden, aber ich kann benennen, sowohl warum, als auch auf welche Weise ich etwas verschwende; über die Gründe meiner Armut kann ich Rechenschaft ablegen. Aber mir wird das von sehr vielen zuteil, die nicht durch ihre Schuld in Not gebracht wurden: alle verzeihen, aber niemand eilt zur Hilfe.

(5) Wie ist es also? Ich halte den, der hinreichend besitzt, nicht für arm, wie wenig auch immer noch vorhanden ist; du jedoch, ich wünsche es dir, bewahrst hoffentlich die Deine, und tatsächlich wirst du zu einem günstigen Zeitpunkt beginnen. Denn wie unsere Vorfahren wussten: „Am Boden [des Fasses] kommt die Sparsamkeit zu spät"; auf dem Grund verbleibt nämlich nicht nur sehr wenig, sondern auch das Schlechteste. Lebe wohl.

Liber I – Epistula II

Seneca Lucilio suo Salutem

(1) Ex iis quae mihi scribis et ex iis quae audio bonam spem de te concipio: non discurris nec locorum mutationibus inquietaris. Aegri animi ista iactatio est: primum argumentum compositae mentis existimo posse consistere et secum morari.

(2) Illud autem vide, ne ista lectio auctorum multorum et omnis generis voluminum habeat aliquid vagum et instabile. Certis ingeniis immorari et innutriri oportet, si velis aliquid trahere quod in animo fideliter sedeat. Nusquam est qui ubique est. Vitam in peregrinatione exigentibus hoc evenit, ut multa hospitia habeant, nullas amicitias; idem accidat necesse est iis qui nullius se ingenio familiariter applicant sed omnia cursim et properantes transmittunt.

(3) Non prodest cibus nec corpori accedit qui statim sumptus emittitur; nihil aeque sanitatem impedit quam remediorum crebra mutatio; non venit vulnus ad cicatricem in quo medicamenta temptantur; non convalescit planta quae saepe transfertur; nihil tam utile est ut in transitu prosit. Distringit librorum multitudo; itaque cum legere non possis quantum habueris, satis est habere quantum legas.

Buch 1 – Brief 2

Seneca grüßt seinen Lucilius,

(1) Aus den [Dingen], die du mir schreibst, und aus denen, die ich höre, erkenne ich gute Hoffnung für dich: du schwenkst nicht ab und du wirst auch nicht durch Ortsveränderungen beunruhigt. Ein solcher unsteter Aufenthalt ist typisch für ein krankes Gemüt: ich glaube, der bedeutendste Beweis für einen geordneten Verstand ist es, Halt zu machen und bei sich verweilen zu können.

(2) Beachte aber Folgendes, damit diese Lektüre vieler Autoren oder aller Gattungen von Büchern nicht etwas Unstetes und Unbeständiges aufweist. Es ist notwendig, bei den wahren Talenten zu verweilen und an ihnen zu wachsen, falls du dir etwas aneignen willst, das sicher im Bewusstsein verweilen soll. Nirgends ist, wer überall ist. Dadurch, dass sie das Leben auf Reisen verbringen, geschieht ein solches, dass sie viele Gastfreundschaften, aber wenige Freunde besitzen; dasselbe passiert notwendigerweise denjenigen, die sich niemandes Geiste freundschaftlich annähern, sondern alles hastig und in Eile übergehen.

(3) Die Nahrung, die nach der Aufnahme sofort ausgestoßen wird, ist nicht von Nutzen und gelangt auch nicht in den Körper; ebenso hält nichts [mehr] die Gesundung auf, wie der häufige Wechsel der Heilmittel; eine Wunde, in der Heilmittel ausprobiert werden, kommt nicht zur Vernarbung; eine Jungpflanze, die man oft versetzt, wird nicht kräftig heranwachsen; nichts ist in dem Maße nützlich, dass es im Vorübergehen hilft. Eine Vielzahl an Büchern bindet an mehreren Punkten zugleich; weil du also nicht lesen kannst, soviel du besitzt, ist es ausreichend zu besitzen, soviel du lesen kannst.

(4) 'Sed modo', inquis, 'hunc librum evolvere volo, modo illum.' Fastidientis stomachi est multa degustare; quae ubi varia sunt et diversa, inquinant non alunt. Probatos itaque semper lege, et si quando ad alios deverti libuerit, ad priores redi. Aliquid cotidie adversus paupertatem, aliquid adversus mortem auxili compara, nec minus adversus ceteras pestes; et cum multa percurreris, unum excerpe quod illo die concoquas.

(5) Hoc ipse quoque facio; ex pluribus quae legi aliquid apprehendo. Hodiernum hoc est quod apud Epicurum nanctus sum – soleo enim et in aliena castra transire, non tamquam transfuga, sed tamquam explorator: 'Honesta', inquit, 'res est laeta paupertas'.

(6) Illa vero non est paupertas, si laeta est; non qui parum habet, sed qui plus cupit, pauper est. Quid enim refert quantum illi in arca, quantum in horreis iaceat, quantum pascat aut feneret, si alieno imminet, si non acquisita sed acquirenda computat? Quis sit divitiarum modus quaeris? Primus habere quod necesse est, proximus quod sat est. Vale.

———————

(4) „Aber", entgegnest du, „bald will ich dieses Buch aufrollen, bald jenes." Auch wenn er Abneigung empfindet, ist es typisch für den Magen, viele Dinge auszuprobieren; jedes Mal wenn sie verschiedenartig und entgegengesetzt sind, verunreinigen sie und ernähren nicht. Lies deshalb immer das für gut Befundene, und wann immer es beliebt, zu anderen abzuschweifen, kehre zu den ersteren zurück. Erwirb täglich etwas an Beistand gegen die Armut, etwas gegen den Tod und nicht weniger gegen die übrigen Miseren; und immer wenn du vieles überfliegst, wähle eines aus, das du dir an jenem Tag zu eigen machst.

(5) Ich selbst mache dies ebenso; vom größten Teil, das ich gelesen habe, eigne ich mir irgendetwas an. Gegenwärtig ist es Folgendes, was ich bei Epikur vorgefunden habe – ich bin es nämlich gewohnt, auch in fremde Lager hinüberzuwechseln, nicht wie ein Überläufer, sondern wie ein Kundschafter: „Eine ehrenvolle Sache", sagt er, „ist die frohe Armut".

(6) Jene ist jedoch keine Armut, wenn sie froh ist; nicht der zu wenig besitzt, sondern der mehr begehrt, ist arm. Was kommt es nämlich darauf an, wie viel bei ihm im Geldkasten, wie viel auf dem Speicher liegt, wie viel Vieh er hütet oder gegen Zins ausleiht, wenn er nach Fremdem trachtet, wenn er nicht das Erworbene, sondern das zu Erwerbende zusammenrechnet. Was könnte ein Maß für das Reichtum sein, fragst du? Das erste, zu besitzen, was notwendig ist, das nächste, was genügend ist. Lebe wohl.

Liber I – Epistula III

Seneca Lucilio suo Salutem

1) Epistulas ad me perferendas tradidisti, ut scribis, amico tuo; deinde admones me ne omnia cum eo ad te pertinentia communicem, quia non soleas ne ipse quidem id facere: ita eadem epistula illum et dixisti amicum et negasti. Itaque si proprio illo verbo quasi publico usus es et sic illum amicum vocasti quomodo omnes candidatos 'bonos viros' dicimus, quomodo obvios, si nomen non succurrit, 'dominos' salutamus, hac abierit.

(2) Sed si aliquem amicum existimas cui non tantundem credis quantum tibi, vehementer erras et non satis nosti vim verae amicitiae. Tu vero omnia cum amico delibera, sed de ipso prius: post amicitiam credendum est, ante amicitiam iudicandum. Isti vero praepostero officia permiscent qui, contra praecepta Theophrasti, cum amaverunt iudicant, et non amant cum iudicaverunt. Diu cogita an tibi in amicitiam aliquis recipiendus sit. Cum placuerit fieri, toto illum pectore admitte; tam audaciter cum illo loquere quam tecum.

Buch 1 – Brief 3

Seneca grüßt seinen Lucilius,

(1) Wie du schreibst, hast du deinem Freund Briefe übergeben, die er an mich übergeben soll; sodann forderst du mich auf, nicht alles mit ihm zu besprechen, das sich auf dich bezieht, weil du nämlich selbst nicht gewohnt seist, ein solches zu tun. Zugleich hast du also jenen in dem Brief sowohl einen Freund genannt, als es auch geleugnet. Wenn du daher jenes typisches Wort wie üblich benutzt und derart jenen Freund gerufen hast, wie wir alle Amtsträger „gute Männer" nennen, wie wir Entgegenkommende, wenn uns der Name nicht in den Sinn kommt, mit „Herren" grüßen, mag es hier gehen.

(2) Aber wenn du irgendjemand als Freund erachtest, dem du nicht ebenso viel vertraust wie dir selbst, irrst du gewaltig und hast nicht zur Genüge die Kraft der echten Freundschaft erfahren. Beratschlage du alles mit einem wahren Freund, aber zuerst über ihn selbst: nach der Freundschaft muss man vertrauen, vor der Freundschaft beurteilen. Diejenigen bringen der wahren Lehre zuwider die Verpflichtungen durcheinander, die entgegen der Lehren des Theophrast urteilen, wenn sie geliebt haben, und nicht lieben, wenn sie geurteilt haben. Bedenke lange, ob du irgendjemanden in deinen Freundeskreis aufnehmen darfst. Sooft es zu geschehen gefällt, lasse dich mit ganzem Herzen auf jenen ein; dann sprich furchtlos mit ihm wie mit dir [selbst].

(3) Tu quidem ita vive ut nihil tibi committas nisi quod committere etiam inimico tuo possis; sed quia interveniunt quaedam quae consuetudo fecit arcana, cum amico omnes curas, omnes cogitationes tuas misce. Fidelem si putaveris, facies; nam quidam fallere docuerunt dum timent falli, et illi ius peccandi suspicando fecerunt. Quid est quare ego ulla verba coram amico meo retraham? Quid est quare me coram illo non putem solum?

(4) Quidam quae tantum amicis committenda sunt obviis narrant, et in quaslibet aures quidquid illos urit exonerant; quidam rursus etiam carissimorum conscientiam reformidant et, si possent, ne sibi quidem credituri interius premunt omne secretum. Neutrum faciendum est; utrumque enim vitium est, et omnibus credere et nulli, sed alterum honestius dixerim vitium, alterum tutius.

(5) Sic utrosque reprehendas, et eos qui semper inquieti sunt, et eos qui semper quiescunt. Nam illa tumultu gaudens non est industria sed exagitatae mentis concursatio, et haec non est quies quae motum omnem molestiam iudicat, sed dissolutio et languor.

(3) Du jedenfalls lebe so, dass du dir nichts anvertraust, dass du nicht auch deinem Feind anvertrauen könntest; aber weil manches dazwischen tritt, das die Gewohnheit zu Geheimnissen gemacht hat, teile mit dem Freund alle Sorgen, alle deine Gedanken. Falls du ihn für zuverlässig hältst, wirst du ihn dazu machen; denn einige haben gelehrt zu betrügen, während sie fürchten, betrogen zu werden, und sie haben ihm durch ihren Argwohn das Recht gegeben, moralisch falsch zu handeln. Welchen Grund gibt es, warum ich irgendwelche Worte in der Gegenwart meines Freundes zurückhalten sollte? Welchen Grund gibt es, warum ich mich in seiner Gegenwart nicht für allein halten sollte?

(4) Manche erzählen Entgegenkommenden, was man nur Freunden anvertrauen darf, und entleeren in die erstbesten Ohren, was sie bedrückt; einige scheuen andererseits sogar die Mitwisserschaft der Liebsten und, nicht einmal sich selbst vertrauen wollend, verbergen sie, wenn sie es können, jedes Geheimnis im Inneren. Keins von beiden sollte man tun; beides ist nämlich ein Fehler, sowohl sich allen anzuvertrauen, als auch keinem, doch möchte ich den einen als sittlich besser bezeichnen, den anderen als sicherer.

(5) Beides solltest du tadeln, sowohl diejenigen, die immer ohne Ruhe sind, als auch diejenigen, die immer untätig sind. Denn weil erstere sich über den Trubel freut, ist sie nicht Betriebsamkeit, sondern das Hin- und Herlaufen eines erregten Geistes, und letztere ist keine Ruhe des Gemüts, die jede Bewegung für eine Belästigung hält, sondern ein Mangel an Energie und Trägheit.

(6) Itaque hoc quod apud Pomponium legi animo mandabitur: 'quidam adeo in latebras refugerunt ut putent in turbido esse quidquid in luce est'. Inter se ista miscenda sunt: et quiescenti agendum et agenti quiescendum est. Cum rerum natura delibera: illa dicet tibi et diem fecisse se et noctem. Vale.

(6) Deshalb wird das, was ich bei Pomponius gelesen habe, dem Herzen anvertraut: „Manche haben sich so weit in einen Schlupfwinkel geflüchtet, dass sie glauben, alles, was sich im Lichte befindet, im Trüben zu sein." Diese sind miteinander zu verbinden: sowohl muss der Ruhende handeln, als auch der Handelnde ruhen. Erwäge es nicht ohne die Natur der Dinge: sie wird dir versichern, sowohl den Tag als auch die Nacht erschaffen zu haben. Lebe wohl.

———

Epistula IV

Seneca Lucilio suo Salutem

(1) Persevera ut coepisti et quantum potes propera, quo diutius frui emendato animo et composito possis. Frueris quidem etiam dum emendas, etiam dum componis: alia tamen illa voluptas est quae percipitur ex contemplatione mentis ab omni labe purae et splendidae.

(2) Tenes utique memoria quantum senseris gaudium cum praetexta posita sumpsisti virilem togam et in forum deductus es: maius expecta cum puerilem animum deposueris et te in viros philosophia transscripserit. Adhuc enim non pueritia sed, quod est gravius, puerilitas remanet; et hoc quidem peior est, quod auctoritatem habemus senum, vitia puerorum, nec puerorum tantum sed infantum: illi levia, hi falsa formidant, nos utraque.

(3) Profice modo: intelleges quaedam ideo minus timenda quia multum metus afferunt. Nullum malum magnum quod extremum est. Mors ad te venit: timenda erat si tecum esse posset: necesse est aut non perveniat aut transeat.

Brief 4

Seneca grüßt seinen Lucilius,

(1) Setze die Reise fort, wie du sie begonnen hast, und betreibe eifrigst, so viel du kannst, damit du dich länger an einem fehlerfreien und wohlgeordneten Verstand erfreuen kannst. Sicherlich wirst du es genießen, selbst wenn du nur verbesserst, selbst wenn du nur ordnest: jenes sinnliche Vergnügen ist jedoch ein anderes, das aus der Betrachtung eines von jeglichem Makel reinen und strahlenden Geistes in sich aufgenommen wird.

(2) Behalte besonders im Gedächtnis, wie viel Freude du verspürtest, als du nach dem Ablegen der Toga mit Purpurbesatz die Toga der Männer angelegt hast und auf das Forum geführt worden bist: erwarte Größeres, wenn du deine kindliche Wesensart ablegst und die Philosophie dich unter die Männer aufnimmt. Bisher ist nämlich noch nicht die Kindheit, sondern, was schlimmer ist, die Kindlichkeit vorhanden; und es ist gerade deshalb schlimmer, weil wir das Ansehen des Alters, die Fehler der Kinder, und nicht nur der Kinder, sondern der Kleinkinder besitzen: jene fürchten Unbedeutendes, diese Unbegründetes, wir jedes von beiden.

(3) Schreite sogleich voran: du wirst einsehen, etwas deshalb weniger zu fürchten, weil es große Angst verursacht. Kein Übel ist groß, weil es das letzte ist. Der Tod kommt zu dir: du müsstest ihn fürchten, wenn er [zur gleichen Zeit] mit dir existieren könnte. Es ist naturgegeben, dass er entweder nicht eingetroffen, oder vergangen ist.

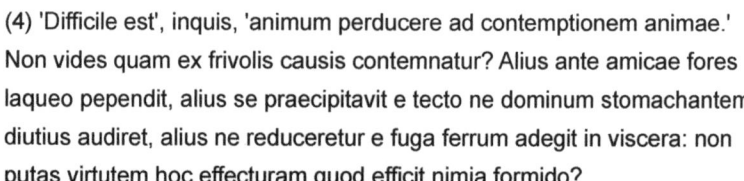

(4) 'Difficile est', inquis, 'animum perducere ad contemptionem animae.'
Non vides quam ex frivolis causis contemnatur? Alius ante amicae fores
laqueo pependit, alius se praecipitavit e tecto ne dominum stomachantem
diutius audiret, alius ne reduceretur e fuga ferrum adegit in viscera: non
putas virtutem hoc effecturam quod efficit nimia formido?

Nulli potest secura vita contingere qui de producenda nimis cogitat, qui
inter magna bona multos consules numerat.

(5) Hoc cotidie meditare, ut possis aequo animo vitam relinquere, quam
multi sic complectuntur et tenent quomodo qui aqua torrente rapiuntur
spinas et aspera. Plerique inter mortis metum et vitae tormenta miseri
fluctuantur et vivere nolunt, mori nesciunt.

(6) Fac itaque tibi iucundam vitam omnem pro illa sollicitudinem
deponendo. Nullum bonum adiuvat habentem nisi ad cuius amissionem
praeparatus est animus; nullius autem rei facilior amissio est quam quae
desiderari amissa non potest. Ergo adversus haec quae incidere possunt
etiam potentissimis adhortare te et indura.

(4) „Es ist schwierig", sagst du, „den Verstand zur Geringschätzung des Lebens zu bewegen." Siehst du nicht, wie sehr es aus nichtigen Gründen geringgeschätzt wird? Der eine erhängte sich mit einem Strick vor der Tür der Geliebten, ein zweiter stürzte sich vom Dach, um den sich ärgernden Herrn nicht mehr länger zu hören, ein anderer stieß sich das Schwert in die Eingeweide, damit er nicht unmittelbar nach der Flucht zurückgebracht wurde: Glaubst du nicht, die Tugend wird das zustande bringen, was eine allzu große Angst zustande bringt?

Keinem kann ein sorgloses Leben widerfahren, der zu sehr überlegt, es zu verlängern und der viele Konsuln als großes Glück zählt.

(5) Darüber denke jeden Tag nach, damit du mit gelassenem Herzen das Leben zurücklassen kannst, das viele so umschlingen und festhalten, wie diejenigen, die vom reißenden Fluss weggerissen werden, Dornensträucher und raue Steine. Die meisten wogen elend hin und her zwischen Todesangst und Lebensqual und sie wollen nicht leben, sie wissen nicht zu sterben.

(6) Mach dir also ein angenehmes Leben, indem du alle Besorgnis darüber ablegst. Kein Gut ist dem Besitzenden förderlich, wenn der Geist nicht auf seinen Verlust vorbereitet ist; der Verlust keiner Sache ist jedoch leichter als derjenige, der nicht vermisst werden kann, nachdem er verloren wurde. Also sporne dich an und härte dich gegen das ab, das auch die Mächtigsten treffen kann.

(7) De Pompei capite pupillus et spado tulere sententiam, de Crasso crudelis et insolens Parthus; Gaius Caesar iussit Lepidum Dextro tribuno praebere cervicem, ipse Chaereae praestitit; neminem eo fortuna provexit ut non tantum illi minaretur quantum permiserat. Noli huic tranquillitati confidere: momento mare evertitur; eodem die ubi luserunt navigia sorbentur.

(8) Cogita posse et latronem et hostem admovere iugulo tuo gladium; ut potestas maior absit, nemo non servus habet in te vitae necisque arbitrium. Ita dico: quisquis vitam suam contempsit tuae dominus est. Recog-nosce exempla eorum qui domesticis insidiis perierunt, aut aperta vi aut dolo: intelleges non pauciores servorum ira cecidisse quam regum. Quid ad te itaque quam potens sit quem times, cum id propter quod times nemo non possit?

(9) At si forte in manus hostium incideris, victor te duci iubebit – eo nempe quo duceris. Quid te ipse decipis et hoc nunc primum quod olim patiebaris intellegis? Ita dico: ex quo natus es, duceris. Haec et eiusmodi versanda in animo sunt si volumus ultimam illam horam placidi exspectare cuius metus omnes alias inquietas facit.

(7) Über den Kopf des Pompeius haben ein Schutzbefohlener und ein Eunuch das Votum abgegeben, über Crassus der grausame und siegesstolze Parther; Gaius Caesar befahl Lepidus, dem Tribunen Dexter den Kopf hinzuhalten, er selbst hat ihn Chaerea überlassen; niemanden hat das Schicksal soweit emporgehoben, dass es nicht so viel ihm drohte, wie es überlassen hatte. Traue dieser Windstille nicht: in einem Augenblick wird das Meer aufgewühlt; an derselben Stelle, wo sie an dem Tag [auf den Wellen] tanzten, werden die Schiffe verschlungen.

(8) Bedenke, dass sowohl ein Räuber als auch ein Feind das Messer an deine Kehle setzen kann; selbst wenn eine höhere Gewalt abwesend ist, jeder Sklave besitzt die freie Entscheidung über dein Leben und deinen Tod. Ich sage es so: wer auch immer sein Leben verachtet hat, ist deines Herr. Erinnere dich an die Beispiele derer, die durch Anschläge von Hausgenossen umgekommen sind, entweder durch offene Gewalt oder durch List: du wirst einsehen, dass nicht weniger durch den Zorn der Sklaven als durch den der Könige umgekommen sind. Was kümmert es dich also, wie mächtig derjenige sein mag, den du fürchtest, wenn jeder in der Nähe das fertigbringen kann, was du fürchtest.

(9) Aber wenn du etwa in die Hand der Feinde gerätst, wird der Sieger befehlen, dich abzuführen – dahin freilich, wohin du [ohnehin] geführt wirst. Was betrügst du dich selbst und erkennst nun zum ersten Mal das, was du vor Zeiten erlitten hast? Ich sage es so: seitdem du geboren wurdest, wirst du [zum Tode] geführt. Dieses und anderes dieser Art muss im Geiste überdacht werden, wenn wir ruhig unsere letzte Stunde erwarten wollen, deren Befürchtung alle übrigen [Stunden] ruhelos macht.

(10) Sed ut finem epistulae imponam, accipe quod mihi hodierno die placuit – et hoc quoque ex alienis hortulis sumptum est: 'Magnae divitiae sunt lege naturae composita paupertas'. Lex autem illa naturae scis quos nobis terminos statuat? Non esurire, non sitire, non algere. Ut famem sitimque depellas non est necesse superbis assidere liminibus nec supercilium grave et contumeliosam etiam humanitatem pati, non est necesse maria temptare nec sequi castra: parabile est quod natura desiderat et appositum.

(11) Ad supervacua sudatur; illa sunt quae togam conterunt, quae nos senescere sub tentorio cogunt, quae in aliena litora impingunt: ad manum est quod sat est. Cui cum paupertate bene convenit dives est. Vale.

(10) Aber, um dem Brief eine Ende zu setzen, erfahre, was mir am heutigen Tag gefallen hat – und auch dies ist aus fremden Gärtchen entnommen: „Großer Reichtum ist durch das Gesetz der Natur bestimmte Armut". Aber weißt du, welche Grenzen uns jenes Gesetz der Natur setzt? Nicht hungern, nicht dürsten, nicht frieren. Um Hunger und Durst zu vertreiben, ist es nicht notwendig, vor prächtigen Häusern zu sitzen, nicht gewichtige Hochmut und auch nicht schmachvolle Milde zu ertragen, und es ist nicht notwendig, die Meere zu befahren und auch nicht den Kriegslagern zu folgen: es ist leicht zu beschaffen, was die Natur begehrt und mitgegeben hat.

(11) Für Unnötiges wird sich angestrengt; das ist es, was die Toga abnutzt, was uns zwingt, im Kriegszelt zu verkümmern, was uns an fremde Küsten treibt: Zur Hand ist, was ausreichend ist. Wer sich mit der Armut gut stellt, ist reich. Lebe wohl.

———

Epistula V

Seneca Lucilio suo Salutem

(1) Quod pertinaciter studes et omnibus omissis hoc unum agis, ut te meliorem cotidie facias, et probo et gaudeo, nec tantum hortor ut perseveres sed etiam rogo. Illud autem te admoneo, ne eorum more qui non proficere sed conspici cupiunt facias aliqua quae in habitu tuo aut genere vitae notabilia sint;

(2) asperum cultum et intonsum caput et neglegentiorem barbam et indictum argento odium et cubile humi positum et quidquid aliud ambitionem perversa via sequitur evita. Satis ipsum nomen philosophiae, etiam si modeste tractetur, invidiosum est: quid si nos hominum consuetudini coeperimus excerpere? Intus omnia dissimilia sint, frons populo nostra conveniat.

(3) Non splendeat toga, ne sordeat quidem; non habeamus argentum in quod solidi auri caelatura descenderit, sed non putemus frugalitatis indicium auro argentoque caruisse. Id agamus ut meliorem vitam sequamur quam vulgus, non ut contrariam: alioquin quos emendari volumus fugamus a nobis et avertimus; illud quoque efficimus, ut nihil imitari velint nostri, dum timent ne imitanda sint omnia.

Brief 5

Seneca grüßt seinen Lucilius,

(1) Ich heiße es nicht nur gut, sondern ich freue mich, dass du hartnäckig studierst und, alles außer Acht lassend, auf dieses eine hinarbeitest, um dich täglich zu bessern, und ich ermutige dich nicht nur, standhaft zu bleiben, sondern ich bitte dich sogar. An Folgendes erinnere ich dich jedoch, damit du nicht nach Art derer, die sich nicht wünschen, Fortschritte zu machen, sondern angeschaut zu werden, irgendetwas tust, das in deiner äußeren Erscheinung oder der Gesamtheit der Lebensweise auffallend sein soll.

(2) Vermeide eine rohe Lebensweise, einen ungeschorenen Kopf, einen zu nachlässigen Bart, einen auferlegten Hass gegen das Geld, ein auf dem Boden errichtetes Schlaflager und was auch sonst noch dem Ehrgeiz auf zerstörerischem Wege folgt. Allein schon der Name der Philosophie, auch wenn sie maßvoll betrieben wird, ist Missfallen erregend: was, wenn wir anfangen würden, uns von der Lebensweise der Menschen hervorzuheben? Im Inneren mag alles verschieden sein, unser Äußeres sollte mit dem Volke harmonieren.

(3) Die Toga soll nicht strahlen, gewiss soll sie nicht schmutzig sein; wir wollen kein Silbergeschirr besitzen, in das sich durch die Reliefkunst massives Gold senkt, aber wir sollten es nicht als Beweis der Mäßigung ansehen, dem Gold und dem Silber entbehrt zu haben. Dies wollen wir tun, um ein besseres, nicht um ein entgegengesetztes Leben wie das Volk anzustreben: ansonsten halten wir fern von uns, die wir verbessern wollen, und wir vertreiben sie; und ebenso bewirken wir nur so viel, dass sie nichts von uns nachahmen wollen, solange sie befürchten, dass sie alles nachahmen müssen.

(4) Hoc primum philosophia promittit, sensum communem, humanitatem et congregationem; a qua professione dissimilitudo nos separabit. Videamus, ne ista, per quae admirationem parare volumus, ridicula et odiosa sint. Nempe propositum nostrum est secundum naturam vivere: hoc contra naturam est, torquere corpus suum et faciles odisse munditias et squalorem adpetere et cibis non tantum vilibus uti, sed taetris et horridis.

(5) Quemadmodum desiderare delicatas res luxuriae est, ita usitatas et non magno parabiles fugere dementiae. Frugalitatem exigit philosophia, non poenam; potest autem esse non incompta frugalitas. Hic mihi modus placet: temperetur vita inter bonos mores et publicos; suspiciant omnes vitam nostram sed agnoscant.

(6) 'Quid ergo? Eadem faciemus quae ceteri? Nihil inter nos et illos intererit?' Plurimum: dissimiles esse nos vulgo sciat qui inspexerit propius; qui domum intraverit nos potius miretur quam supellectilem nostram. Magnus ille est qui fictilibus sic utitur quemadmodum argento, nec ille minor est qui sic argento utitur quemadmodum fictilibus; infirmi animi est pati non posse divitias.

(4) Dies verheißt die Philosophie zuerst: eine gemeinsame Sinnesart, Menschenfreundlichkeit und Gemeinschaft; von diesem Bekenntnis wird uns die Verschiedenartigkeit trennen. Wir sollten einsehen, dass jenes, durch das wir Verehrung erlangen wollen, nicht lächerlich und lästig ist. Allerdings ist es unser Ziel, naturgemäß zu leben: gegen die Natur ist dieses: seinen Körper zu quälen, leichte Eitelkeiten zu hassen, sich um Unsauberkeit zu bemühen und nicht nur billige Speisen zu verwenden, sondern ekelhafte und rohe.

(5) Wie es Genusssucht ist, die köstlichen Dinge zu begehren, so ist es Torheit, die üblichen und die mit nicht viel [Geld] leicht zu beschaffenden zu meiden. Genügsamkeit fordert die Philosophie, nicht Plage; andererseits kann es keine einfache Genügsamkeit geben. Diese Vorschrift gefällt mir: das Leben soll gehörig eingerichtet werden zwischen den guten und den öffentlichen Sitten; mögen alle unsere Lebensweise beargwöhnen, aber anerkennen.

(6) „Was also? Werden wir dasselbe tun wie die Übrigen? Wird nichts zwischen uns und jenen liegen?" Sehr viel [sogar]: Dass wir der großen Menge unähnlich sind, kann wissen, wer uns näher kennenlernt; wer unser Haus betritt, soll lieber uns bewundern als unseren Hausrat. Jener ist groß, der mit den Tongefäßen so umgeht wie mit dem Silbergeschirr, und jener ist nicht geringer, der mit dem Silbergeschirr so umgeht wie mit den Tongefäßen; es ist typisch für einen schwachen Charakter, dass er Reichtum nicht aushalten kann.

(7) Sed ut huius quoque diei lucellum tecum communicem, apud Hecatonem nostrum inveni cupiditatum finem etiam ad timoris remedia proficere. 'Desines' inquit 'timere, si sperare desieris.' Dices, 'quomodo ista tam diversa pariter sunt?' Ita est, mi Lucili: cum videantur dissidere, coniuncta sunt. Quemadmodum eadem catena et custodiam et militem copulat, sic ista quae tam dissimilia sunt pariter incedunt: spem metus sequitur.

(8) Nec miror ista sic ire: utrumque pendentis animi est, utrumque futuri exspectatione solliciti. Maxima autem utriusque causa est quod non ad praesentia aptamur sed cogitationes in longinqua praemittimus; itaque providentia, maximum bonum condicionis humanae, in malum versa est.

(9) Ferae pericula quae vident fugiunt, cum effugere, securae sunt: nos et venturo torquemur et praeterito. Multa bona nostra nobis nocent; timoris enim tormentum memoria reducit, providentia anticipat; nemo tantum praesentibus miser est. Vale.

———

(7) Doch um den kleinen Gewinn auch dieses Tages mit dir zu teilen: bei unserem Hecaton habe ich gefunden, dass die Einschränkung unser Begierden auch als Heilmittel bei Ängsten dient. „Du wirst aufhören, dich zu fürchten", sagt er, „wenn du aufhörst zu hoffen." Du wirst einwenden: „Auf welche Weise existieren jene so sehr verschiedenen [Regungen] gleichzeitig?" Es ist so, mein Lucilius: obwohl sie wahrgenommen werden, in Feindschaft zu geraten, sind sie verbunden. Sowie eine Kette zugleich sowohl den Gefangenen als auch den Wachsoldaten verbindet, so gehen jene, die so verschieden sind, gemeinsam einher: der Hoffnung folgt unmittelbar die Angst.

(8) Und ich wundere mich auch nicht, dass es so kommt: jede von den beiden ist typisch für schwankende Gemüter, jede von den beiden besorgt in der Erwartung der Zukunft. Die größte Schuld der beiden ist es, dass wir nicht für die Gegenwart gerüstet werden, sondern wir Überlegungen in die Ferne vorausschicken; und so ist die Voraussicht, das höchste Gut der menschlichen Bestimmung, ins Schlechte gewendet worden.

(9) Wilde Tiere meiden die Gefahren, die sie wahrnehmen; sie sind sorglos, wenn sie entflohen sind: wir beunruhigen uns sowohl mit dem Kommenden als auch mit der Vergangenheit. Viele von unseren Vorteilen schaden uns: die Erinnerung bringt nämlich die Pein der Angst zurück, die Voraussicht nimmt sie vorweg; nur im Jetzt ist niemand unglücklich. Lebe wohl.

Epistula VI

Seneca Lucilio suo Salutem

(1) Intellego, Lucili, non emendari me tantum sed transfigurari; nec hoc promitto iam aut spero, nihil in me superesse quod mutandum sit. Quidni multa habeam quae debeant colligi, quae extenuari, quae attolli? Et hoc ipsum argumentum est in melius translati animi, quod vitia sua quae adhuc ignorabat videt; quibusdam aegris gratulatio fit cum ipsi aegros se esse senserunt.

(2) Cuperem itaque tecum communicare tam subitam mutationem mei; tunc amicitiae nostrae certiorem fiduciam habere coepissem, illius verae quam non spes, non timor, non utilitatis suae cura divellit, illius cum qua homines moriuntur, pro qua moriuntur.

(3) Multos tibi dabo qui non amico sed amicitia caruerint: hoc non potest accidere cum animos in societatem honesta cupiendi par voluntas trahit. Quidni non possit? Sciunt enim ipsos omnia habere communia, et quidem magis adversa.

---　❦　---

Brief 6

Seneca grüßt seinen Lucilius,

(1) Ich meine, Lucilius, dass ich nicht nur gebessert, sondern verwandelt werde; dass nichts in mir vorhanden ist, was verändert werden muss, dieses verheiße oder erhoffe ich noch nicht. Warum sollte ich nicht vieles innehaben, was geborgen, was abgeschwächt und was ermuntert werden müsste? Und gerade dies ist der Beweis für einen gewandelten Charakter, weil er eigene Fehler wahrnimmt, die er bisher nicht kannte; manche Kranke beglückwunscht man, wenn sie von sich aus bemerkt haben, dass sie krank sind.

(2) Deshalb wollte ich meine unerwartete Veränderung so sehr mit dir teilen; damals hatte ich begonnen, unsere Freundschaft im sicheren Vertrauen zu betrachten; jener wahrhaftigen, die nicht die Hoffnung, nicht die Furcht und nicht die Sorge um den eigenen Vorteil zerreißt, jene, mit der die Menschen sterben, für die sie sterben.

(3) Ich werde dir viele nennen, die nicht einen Freund entbehren, sondern der Freundschaft: das kann nicht geschehen, wenn ein gleicher, das sittlich Gute wünschender Wille die Herzen in eine Gemeinschaft zieht. Warum sollte er es nicht können? Sie wissen nämlich, dass sie von sich aus alles gemeinsam besitzen, und im höheren Maße gewiss das Unglück.

(4) Concipere animo non potes quantum momenti afferri mihi singulos dies videam. 'Mitte' inquis 'et nobis ista quae tam efficacia expertus es.' Ego vero omnia in te cupio transfundere, et in hoc aliquid gaudeo discere, ut doceam; nec me ulla res delectabit, licet sit eximia et salutaris, quam mihi uni sciturus sum. Si cum hac exceptione detur sapientia, ut illam inclusam teneam nec enuntiem, reiciam: nullius boni sine socio iucunda possessio est.

(5) Mittam itaque ipsos tibi libros, et ne multum operae impendas dum passim profutura sectaris, imponam notas, ut ad ipsa protinus quae probo et miror accedas. Plus tamen tibi et viva vox et convictus quam oratio proderit; in rem praesentem venias oportet, primum quia homines amplius oculis quam auribus credunt, deinde quia longum iter est per praecepta, breve et efficax per exempla.

(6) Zenonem Cleanthes non expressisset, si tantummodo audisset: vitae eius interfuit, secreta perspexit, observavit illum, an ex formula sua viveret. Platon et Aristoteles et omnis in diversum itura sapientium turba plus ex moribus quam ex verbis Socratis traxit; Metrodorum et Hermarchum et Polyaenum magnos viros non schola Epicuri sed contubernium fecit. Nec in hoc te accerso tantum, ut proficias, sed ut prosis; plurimum enim alter alteri conferemus.

(4) Wohl sehe ich, du kannst es dir nicht vorstellen, wie viel an Bedeutung mir an einzelnen Tagen zugetragen wird. „Aber schreibe uns das", sagst du, „was du so wirksam erprobt hast". Tatsächlich wünsche ich, alles auf dich zu übertragen, und ich freue mich, dabei manches zu lernen, dass ich lehren kann; und nicht irgendeine Sache wird mich erfreuen, mag sie auch vortrefflich und nützlich sein, die ich für mich allein wissen wollte. Falls die Weisheit mit dieser Einschränkung überlassen wird, um sie geheim zu halten und nicht weiter zu verbreiten, werde ich sie ablehnen: ohne einen Kameraden ist ein ansprechender Besitz nicht von Nutzen.

(5) Ich werde dir deshalb von selbst aus die Briefe senden, und damit du nicht viel Zeit aufwenden musst, während du nach allen Seiten Nutzbringendes zu erforschen suchst, lege ich Notizen bei, damit du unverzüglich gerade zu dem gelangst, was ich billige und bewundere. Doch mehr als ein Vortrag wird dir eine lebendige Rede und ein geselliger Umgang nützen; in dieser Sache musst du als Anwesender erscheinen, zuerst, weil die Menschen mehr den Augen als den Ohren Glauben schenken, sodann, weil lang der Weg ist über Anweisungen, kurz und erfolgreich über Beispiele.

(6) Kleanthes hätte Zenon nicht nachgeahmt, wenn er ihn lediglich gehört hätte: er nahm an dessen Leben teil, durchforschte seine Gedanken und beobachtete ihn, ob er gemäß seiner Regel lebe. Platon, Aristoteles und die ganze Schar, die eine andere Richtung der Weisheit beschreiten wollte, haben mehr aus dem Lebenswandel als aus den Worten des Sokrates abgeleitet; Metrodoros, Hermachos und Polyainos machte nicht der Unterricht, sondern der vertraute Umgang mit Epikur zu großen Männern. Und ich hole dich nicht nur herbei, damit du Fortschritte machst, sondern [auch] um mir zu helfen: am meisten werden wir nämlich einer dem anderen nützen.

(7) Interim quoniam diurnam tibi mercedulam debeo, quid me hodie apud Hecatonem delectaverit dicam. 'Quaeris', inquit, 'quid profecerim? Amicus esse mihi coepi.' Multum profecit: numquam erit solus. Scito esse hunc amicum omnibus. Vale.

———

(7) Einstweilen, da ich dir ja den täglichen Lohn schulde, möchte ich vorbringen, was mich heute bei Hekaton erfreut hat. „Du fragst", sagt er, „was ich heute erreicht habe? Ich habe begonnen, mir ein Freund zu sein". Er ist ein großes Stück vorwärts geschritten: Niemals wir er allein sein. Verstehe, dass jeder diesen Freund besitzt. Lebe wohl.

Epistula VII

Seneca Lucilio suo Salutem

(1) Quid tibi vitandum praecipue existimes quaeris? Turbam. Nondum illi tuto committeris. Ego certe confitebor imbecillitatem meam: numquam mores quos extuli refero; aliquid ex eo quod composui turbatur, aliquid ex iis quae fugavi redit. Quod aegris evenit quos longa imbecillitas usque eo affecit ut nusquam sine offensa proferantur, hoc accidit nobis quorum animi ex longo morbo reficiuntur.

(2) Inimica est multorum conversatio: nemo non aliquod nobis vitium aut commendat aut imprimit aut nescientibus allinit. Utique quo maior est populus cui miscemur, hoc periculi plus est. Nihil vero tam damnosum bonis moribus quam in aliquo spectaculo desidere; tunc enim per voluptatem facilius vitia subrepunt.

(3) Quid me existimas dicere? Avarior redeo, ambitiosior, luxuriosior? Immo vero crudelior et inhumanior, quia inter homines fui. Casu in meridianum spectaculum incidi, lusus exspectans et sales et aliquid laxamenti quo hominum oculi ab humano cruore acquiescant. Contra est: quidquid ante pugnatum est misericordia fuit; nunc omissis nugis mera homicidia sunt. Nihil habent quo tegantur; ad ictum totis corporibus ex positi numquam frustra manum mittunt.

Brief 7

Seneca grüßt seinen Lucilius,

(1) Du fragst, was du als besonders vermeidenswert ansehen sollst? Die Menschenmenge. Du wirst dich ihr noch nicht gefahrlos aussetzen. Ich werde meine Schwäche gewiss eingestehen: niemals bringe ich die Denkart, die ich hinausgetragen habe, wieder zurück; manches von dem, das ich geordnet habe, wird verwirrt, manches von dem, das ich vertrieben habe, kehrt zurück. Was den Invaliden zuteil wird, die ein lang andauerndes Siechtum so sehr geschwächt hat, dass sie ohne Unwohlsein nirgendwohin herausgetragen werden können, das ist uns geschehen, deren Geist unmittelbar nach langer Krankheit wieder erfrischt wird.

(2) Der Umgang mit vielen ist verhängnisvoll: niemand, der uns nicht irgendein Laster entweder empfiehlt oder aufdrückt oder aus Unwissenheit damit befleckt. Je größer jedenfalls die Öffentlichkeit ist, mit der wir vermengt werden, desto höher ist der Gefahrengrad. Nichts aber ist so verderblich für die guten Sitten, wie untätig in irgendeinem Schauspiel zu sitzen. Dann nämlich werden sich durch das Vergnügen leichter schlechte Eigenschaften einschleichen.

(3) Was meinst du, dass ich urteile? Kehre ich gieriger, ehrgeiziger und verschwenderischer zurück? Ja, tatsächlich sogar grausamer und unmenschlicher, weil ich unter Menschen gewesen bin. Zufällig bin ich in ein mittägliches Schauspiel hineingeraten, Spiel und Humor sowie etwas Erholung erhoffend, damit die Augen der Menschen vor dem geronnenen Menschenblut Ruhe finden können. Das Gegenteil ereignet sich: alles was vorher ausgefochten wurde, beruhte auf Barmherzigkeit; nun, nachdem die Possen beiseite gelassen wurden, findet das reine Morden statt. Sie haben nichts, womit sie sich schützen können; den ganzen Körper zum Hieb entblößt, stoßen sie niemals vergebens mit der Hand zu.

———————— ❧ ————————

(4) Hoc plerique ordinariis paribus et postulaticiis praeferunt. Quidni praeferant? Non galea, non scuto repellitur ferrum. Quo munimenta? Quo artes? Omnia ista mortis morae sunt. Mane leonibus et ursis homines, meridie spectatoribus suis obiciuntur. Interfectores interfecturis iubent obici et victorem in aliam detinent caedem; exitus pugnantium mors est. Ferro et igne res geritur.

(5) Haec fiunt dum vacat harena. 'Sed latrocinium fecit aliquis, occidit hominem.' Quid ergo? Quia occidit, ille meruit ut hoc pateretur: tu quid meruisti miser ut hoc spectes? 'Occide, verbera, ure! Quare tam timide incurrit in ferrum? Quare parum audacter occidit? Quare parum libenter moritur? Plagis agatur in vulnera, mutuos ictus nudis et obviis pectoribus excipiant.' Intermissum est spectaculum: 'Interim iugulentur homines, ne nihil agatur'. Age, ne hoc quidem intellegitis, mala exempla in eos redundare qui faciunt? Agite dis immortalibus gratias quod eum docetis esse crudelem qui non potest discere.

(6) Subducendus populo est tener animus et parum tenax recti: facile transitur ad plures. Socrati et Catoni et Laelio excutere morem suum dissimilis multitudo potuisset: adeo nemo nostrum, qui cum maxime concinnamus ingenium, ferre impetum vitiorum tam magno comitatu venientium potest.

(4) Das ziehen die meisten den gewöhnlichen und geforderten Gladiatorenpaaren vor. Warum sollten sie es nicht vorziehen? Kein Helm, kein Schild wird das Schwert abprallen lassen. Wozu ein Schutz? Wozu Geschicklichkeit? All das verzögert den Tod. Am Morgen werden die Menschen den Löwen und Bären vorgeworfen, zu Mittag ihren Zuschauern. Sie heißen es gut, dass die Mörder den künftigen Mördern entgegengeworfen werden und sie behalten sich den Sieger für ein anderes Blutbad vor; am Ende steht der Tod der Kämpfenden. Mit Feuer und Schwert werden sie ihre Taten vollbringen.

(5) Das geschieht, während der Kampfplatz unbesetzt ist. „Aber mancher hat einen Raub begangen, einen Menschen umgebracht." Was also? Weil er gemordet hat, verdient er es, dass er dies erleidet: Warum hast du es verdient, Unglücklicher, dass du es dir ansiehst? „Töte, schlage, verbrenne! Warum läuft er so furchtsam in das Schwert hinein? Warum tötet er so wenig skrupellos? Warum stirbt er nicht bereitwillig genug? Mit Schlägen sollen sie ins Unglück getrieben werden, die wechselseitigen Hiebe sollen sie mit bloßer und entgegengehaltener Brust auffangen." Die Vorstellung ist unterbrochen worden: „Unterdessen werden den Menschen hoffentlich die Kehlen durchgeschnitten, damit sich etwas tut." Nun gut, versteht ihr nicht wenigstens, dass sich schändliche Vorbilder reichlich über diejenigen ergießen, die sie geben? Dankt den unsterblichen Göttern, dass ihr den unterweist, grausam zu sein, der es nicht zu lernen vermag.

(6) Ein empfindsamer und im Guten zu wenig gefestigter Charakter muss der Menge entzogen werden: leicht wird er zur Mehrheit überlaufen. Eine verschiedenartige Menge hätte einem Sokrates, einem Cato, einem Laelius ihre Denkart entreißen können: von uns, die wir eben erst den Charakter formen, kann schon gar niemand den Ansturm von schlechten Eigenschaften aushalten, der mit einem so großen Gefolge auftritt.

(7) Unum exemplum luxuriae aut avaritiae multum mali facit: convictor delicatus paulatim enervat et mollit, vicinus dives cupiditatem irritat, malignus comes quamvis candido et simplici rubiginem suam affricuit: quid tu accidere his moribus credis in quos publice factus est impetus?

(8) Necesse est aut imiteris aut oderis. Utrumque autem devitandum est: neve similis malis fias, quia multi sunt, neve inimicus multis, quia dissimiles sunt. Recede in te ipse quantum potes; cum his versare qui te meliorem facturi sunt, illos admitte quos tu potes facere meliores. Mutuo ista fiunt, et homines dum docent discunt.

(9) Non est quod te gloria publicandi ingenii producat in medium, ut recitare istis velis aut disputare; quod facere te vellem, si haberes isti populo idoneam mercem: nemo est qui intellegere te possit. Aliquis fortasse, unus aut alter incidet, et hic ipse formandus tibi erit instituendusque ad intellectum tui. 'Cui ergo ista didici?' Non est quod timeas ne operam perdideris, si tibi didicisti.

(10) Sed ne soli mihi hodie didicerim, communicabo tecum quae occurrunt mihi egregie dicta circa eundem fere sensum tria, ex quibus unum haec epistula in debitum solvet, duo in antecessum accipe. Democritus ait: 'Unus mihi pro populo est, et populus pro uno'.

(7) Ein einziges Vorbild für Prunksucht oder Geiz erzeugt viel Schlechtes: ein verwöhnter Hausfreund entkräftet und verweichlicht uns nach und nach, ein reicher Nachbar erregt Habsucht, obgleich rein und ehrlich hat uns ein missgünstiger Vertrauter wieder mit seiner Schlechtigkeit angesteckt: was glaubst du, geschieht mit den Charakteren, gegen die vor aller Welt ein Angriff erfolgt ist?

(8) Du müsstest entweder nachahmen oder hassen. Beides aber ist zu vermeiden: weder solltest du den Schlechten ähnlich werden, weil es viele sind, noch den vielen feindlich gesinnt, weil sie verschieden sind. Ziehe dich, soweit du kannst, in dich selbst zurück; verweile mit denen, die dich besser machen wollen, lasse jene herein, die du besser machen kannst. Das geschieht wechselseitig, und die Menschen lernen, während sie lehren.

(9) Es besteht kein Grund, dass dich die Ruhmsucht zur Preisgabe deiner Sinnesart in die Öffentlichkeit lockt, um jenen dort etwas vortragen oder darlegen zu wollen; das zu tun, würde ich von dir verlangen, wenn du für dieses Publikum die geeignete Ware besitzen würdest: [aber] es gibt niemanden, der dich verstehen könnte. Irgendjemand vielleicht, der eine oder andere, wird dazukommen, und auch diesen musst du selbst unterweisen und zum Verständnis deiner [Gedanken] ausbilden. „Für wen also habe ich das gelernt?“ Es steht nicht zu fürchten, dass du Zeit vergeudet hast, wenn du für dich [selbst] gelernt hast.

(10) Aber damit ich heute nicht allein für mich gelernt habe, werde ich drei Aussprüche mit in etwa fast dem gleichen Gedanken, die mir ganz besonders ins Auge fallen, mit dir teilen, von denen dieser Brief für einen die Schuld einlösen wird, zwei nimm im Voraus an. Demokrit sagt: „Einer ist mir wert wie das gesamte Volk, und das gesamte Volk wie einer.“

(11) Bene et ille, quisquis fuit (ambigitur enim de auctore), cum quaereretur ab illo quo tanta diligentia artis spectaret ad paucissimos perventurae, 'satis sunt', inquit, 'mihi pauci, satis est unus, satis est nullus'. Egregie hoc tertium Epicurus, cum uni ex consortibus studiorum suorum scriberet: 'Haec', inquit, 'ego non multis, sed tibi; satis enim magnum alter alteri theatrum sumus'.

(12) Ista, mi Lucili, condenda in animum sunt, ut contemnas voluptatem ex plurium assensione venientem. Multi te laudant: ecquid habes cur placeas tibi, si is es quem intellegant multi? Introrsus bona tua spectent. Vale.

―――――

(11) Vortrefflich auch jener, wer immer es war (über den Verfasser wird nämlich gestritten), als von jenem gefragt wurde, wozu er unter so großer Sorgfalt die Wissenschaft betrachtet habe, obgleich sie die wenigsten erreichen wird: „Genug", antwortete er, „sind mir wenige, genug ist einer, genug ist keiner". [Und] Epikur ungemein gut mit diesem dritten hier, als er einem von seinen Studiengefährten schrieb: „Dieses", sagte er, „[übergebe] ich nicht den Vielen, sondern dir; denn wir sind einer dem anderen ein ausreichend großes Publikum."

(12) Diese, mein Lucilius, muss du im Bewusstsein bewahren, damit du das Vergnügen geringschätzt, das aus dem Applaus der Mehrheit entsteht. Viele loben dich: ob du wohl besitzt, weshalb du dir gefällst, wenn du derjenige bist, den viele zu schätzen wissen? Im Inneren sollen deine guten Eigenschaften gelegen sein. Lebe wohl.

––––––––

Epistula VIII

Seneca Lucilio suo Salutem

(1) 'Tu me', inquis, 'vitare turbam iubes, secedere et conscientia esse contentum? Ubi illa praecepta vestra quae imperant in actu mori?' Quid? ego tibi videor inertiam suadere? In hoc me recondidi et fores clusi, ut prodesse pluribus possem. Nullus mihi per otium dies exit; partem noctium studiis vindico; non vaco somno sed succumbo, et oculos vigilia fatigatos cadentesque in opere detineo.

(2) Secessi non tantum ab hominibus sed a rebus, et in primis a meis rebus: posterorum negotium ago. Illis aliqua quae possint prodesse conscribo; salutares admonitiones, velut medicamentorum utilium compositiones, litteris mando, esse illas efficaces in meis ulceribus expertus, quae etiam si persanata non sunt, serpere desierunt.

—————— ❧ ——————

Brief 8

Seneca grüßt seinen Lucilius,

(1) „Du forderst mich auf", sagst du, „die Menge zu meiden, mich zurückzuziehen und mich mit meinem guten Gewissen zu begnügen? Wo sind jene eure Lehren, die verlangen, im Handeln zu sterben?" Was? Ich scheine dir der Ansicht zu sein, der Untätigkeit zuzureden? Ich habe mich deshalb verborgen und die Türen hinter mir geschlossen, damit ich in einem höheren Grade nützlich sein kann. Kein Tag verlässt mich in Muße; einen Teil der Nacht widme ich den Studien; ich enthalte mich nicht des Schlafs, ich unterliege ihm, und, obgleich die Augen durch Schlaflosigkeit ermüdet sind und zufallen wollen, halte ich sie an der Arbeit fest.

(2) Ich habe mich nicht nur von den Menschen, sondern auch von den Geschäften zurückgezogen, und zwar zuerst von meinen [eigenen] Geschäften: ich betreibe die Obliegenheit der Nachkommen. Ich schreibe ihnen etwas auf, das nützlich sein kann; ich überliefere Aufzeichnungen mit heilsamen Belehrungen, so zum Beispiel die Zusammensetzungen von brauchbaren Medikamenten, nachdem ich an meinen [eigenen] Geschwüren – die, wenn sie auch nicht völlig geheilt sind, aufgehört haben, sich auszubreiten – erprobt habe, dass sie wirksam sind.

(3) Rectum iter, quod sero cognovi et lassus errando, aliis monstro. Clamo: 'Vitate quaecumque vulgo placent, quae casus attribuit; ad omne fortuitum bonum suspiciosi pavidique subsistite: et fera et piscis spe aliqua oblectante decipitur. Munera ista fortunae putatis? Insidiae sunt. Quisquis vestrum tutam agere vitam volet, quantum plurimum potest ista viscata beneficia devitet in quibus hoc quoque miserrimi fallimur: habere nos putamus, haeremus.

(4) In praecipitia cursus iste deducit; huius eminentis vitae exitus cadere est. Deinde ne resistere quidem licet, cum coepit transversos agere felicitas, aut saltim rectis aut semel ruere: non vertit fortuna sed cernulat et allidit.

(5) Hanc ergo sanam ac salubrem formam vitae tenete, ut corpori tantum indulgeatis quantum bonae valetudini satis est. Durius tractandum est ne animo male pareat: cibus famem sedet, potio sitim exstinguat, vestis arceat frigus, domus munimentum sit adversus infesta temporis. Hanc utrum caespes erexerit an varius lapis gentis alienae, nihil interest: scitote tam bene hominem culmo quam auro tegi. Contemnite omnia quae supervacuus labor velut ornamentum ac decus ponit; cogitate nihil praeter animum esse mirabile, cui magno nihil magnum est.'

(3) Ich zeige anderen den richtigen Weg, den ich spät und ermattet vom Umherirren erkannt habe. Ich rufe: „Vermeidet alles, was dem einfachen Volk gefällt und was [euch] der Zufall zuteilt; haltet bei jedem zufälligen Glück misstrauisch und furchtsam ein: sowohl ein Wildtier als auch ein Fisch werden in ihrer Hoffnung auf etwas Erfreuliches getäuscht. Schätzt ihr diese Geschenke des Zufalls? Fallen sind es. Wer auch immer von euch ein sicheres Leben führen will, umgeht, soweit er es nur kann, diese mit Vogelleim bestrichenen Wohltaten, in denen wir Unglücklichen auch durch dieses getäuscht werden: wir glauben sie ergriffen zu haben und bleiben [tatsächlich] kleben.

(4) Ein solcher Kurs führt in die Abgründe hinab; am Ende dieses herausragenden Lebens steht der Untergang. Fernerhin ist es sicherlich nicht möglich, sich zu widersetzen, wenn der Erfolg anfängt, uns vom rechten Weg abzubringen, oder wenigstens aufrecht oder ein für alle mal zugrunde zu gehen. Das Schicksal wendet sich nicht, sondern es bringt uns kopfüber zu Fall und wirft uns zu Boden.

(5) Haltet deshalb an dieser gesunden und vernünftigen Lebensweise fest, dass ihr dem Körper nur so viel nachgebt, wie es für eine gute Gesundheit genügend ist. Er muss härter behandelt werden, damit er nicht einem verderblichen Verlangen nachgibt: die Nahrung soll den Hunger stillen, das Trinken den Durst löschen, die Kleidung die Kälte abhalten und das Haus soll Schutz bieten gegen die Unbilden der Zeit. Ob dieses aus einem Rasenstück oder aus schillerndem Stein aus fremder Gegend errichtet ist, macht keinen Unterschied: wisset, dass der Mensch ebenso gut von einem Strohdach geschützt wird wie [von einem] aus Gold. Verachtet alles, was überflüssige Arbeit macht wie zum Beispiel Schmuck und Zierrat; begreift, dass nichts bewundernswert ist mit Ausnahme des Geistes, dem [wenn selbst] von Größe nichts groß erscheint."

(6) Si haec mecum, si haec cum posteris loquor, non videor tibi plus prodesse quam cum ad vadimonium advocatus descenderem aut tabulis testamenti anulum imprimerem aut in senatu candidato vocem et manum commodarem? Mihi crede, qui nihil agere videntur maiora agunt: humana divinaque simul tractant.

(7) Sed iam finis faciendus est et aliquid, ut institui, pro hac epistula dependendum. Id non de meo fiet: adhuc Epicurum compilamus, cuius hanc vocem hodierno die legi: 'Philosophiae servias oportet, ut tibi contingat vera libertas'. Non differtur in diem qui se illi subiecit et tradidit: statim circumagitur; hoc enim ipsum philosophiae servire libertas est.

(8) Potest fieri ut me interroges quare ab Epicuro tam multa bene dicta referam potius quam nostrorum: quid est tamen quare tu istas Epicuri voces putes esse, non publicas? Quam multi poetae dicunt quae philosophis aut dicta sunt aut dicenda! Non attingam tragicos nec togatas nostras – habent enim hae quoque aliquid severitatis et sunt inter comoedias ac tragoedias mediae: quantum disertissimorum versuum inter mimos iacet! Quam multa Publilii non excalceatis sed coturnatis dicenda sunt!

(6) Wenn ich dieses mit mir, wenn ich dieses mit der Nachwelt bespreche, scheine ich dir [dann] nicht im höheren Grade nützlich zu sein, als wenn ich, zu einem Gerichtstermin berufen, auf das Forum ginge, Testamentsurkunden mit dem Ring besiegelte oder im Senat dem Amtsbewerber Stimme und Hand überließe? Glaube mir, die auf nichts hinzuarbeiten scheinen, vollbringen Großes: sie erörtern das Menschliche und das Göttliche zugleich.

(7) Aber schon muss ein Ende gemacht und, wie ich es eingeführt habe, etwas für diesen Brief entlohnt werden. Dies wird nicht von mir geleistet: wir beuten weiterhin Epikur aus, von dem ich diesen Spruch am heutigen Tag gelesen habe: „Du musst der Philosophie dienen, um wahre Freiheit zu erreichen." Der sich jener unterwirft und anvertraut, wird nicht von Tag zu Tag hingehalten: er wird sogleich im Kreis herum [in die Freiheit] geführt; gerade das nämlich bedeutet Freiheit – der Philosophie zu dienen.

(8) Es ist möglich, dass du mich fragst, aus welchem Grund ich so viel vortrefflich Gesagtes lieber von Epikur als von den Unseren wiedergebe: was ist es gleichwohl, weshalb du anscheinend glaubst, dass jene Äußerungen Epikur gehören, nicht der Allgemeinheit? Wie viele Dichter besingen, was von den Philosophen entweder gesagt worden ist oder gesagt werden müsste! Ich erwähne nicht die Tragödien, auch nicht unsere Lustspiele – diese besitzen nämlich auch etwas an Ernst und gehören in die Mitte zwischen den Komödien und den Tragödien: so viel an wohl formulierten Versen liegt inmitten der derb-komischen Bühnenstücke! Wie viele [Reime] des Pūblilius müssten nicht von volkstümlichen, sondern von tragischen Schauspielern gesprochen werden!

(9) Unum versum eius, qui ad philosophiam pertinet et ad hanc partem quae modo fuit in manibus, referam, quo negat fortuita in nostro habenda: 'Alienum est omne quidquid optando evenit'.

(10) Hunc sensum a te dici non paulo melius et adstrictius memini: 'Non est tuum fortuna quod fecit tuum'. Illud etiam nunc melius dictum a te non praeteribo: 'Dari bonum quod potuit auferri potest'. Hoc non imputo in solutum: de tuo tibi. Vale.

———

(9) Einen Vers von ihm möchte ich wiedergeben, der sich auf die Philosophie und den Teil bezieht, der gerade eben zu lesen war, in welchem er in unserem Besitz befindliche Zufälle abstreitet: „Fremd bleibt alles, je mehr es aus einem Wunsch heraus eintritt."

(10) Ich erinnere mich, dass diese Ansicht – nicht um ein Weniges – besser und kürzer von dir vorgetragen wurde: „Es ist nicht das Deine, was der Zufall zu Deinem gemacht hat." Ich werde auch den Folgenden, immer noch recht guten Ausspruch von dir nicht verschweigen: „Was an Gutem gegeben werden konnte, vermag genommen zu werden." Dieses rechne ich nicht als Schuld an: aus deinem Geiste [entnommen], gehört es dir. Lebe wohl.

———

Epistula IX

Seneca Lucilio suo Salutem

(1) An merito reprehendat in quadam epistula Epicurus eos qui dicunt sapientem se ipso esse contentum et propter hoc amico non indigere, desideras scire. Hoc obicitur Stilboni ab Epicuro et iis quibus summum bonum visum est animus in patiens.

(2) In ambiguitatem incidendum est, si exprimere 'ἀπάθεια' uno verbo cito voluerimus et impatientiam dicere; poterit enim contrarium ei quod significare volumus intellegi. Nos eum volumus dicere qui respuat omnis mali sensum: accipietur is qui nullum ferre possit malum. Vide ergo num satius sit aut invulnerabilem animum dicere aut animum extra omnem patientiam positum.

(3) Hoc inter nos et illos interest: noster sapiens vincit quidem incommodum omne sed sentit, illorum ne sentit quidem. Illud nobis et illis commune est, sapientem se ipso esse contentum. Sed tamen et amicum habere vult et vicinum et contubernalem, quamvis sibi ipse sufficiat.

Brief 9

(1) Du wünschst zu wissen, ob Epikur in einem Brief diejenigen zu Recht tadelt, die behaupten, dass der Philosoph sich selbst zur Genüge ist und er daneben einen Freund nicht brauche. Das wird Stilpon von Epikur vorgeworfen und auch denjenigen, denen eine empfindungslose Wesensart als höchstes Gut erschien.

(2) Man stößt unvermeidlich auf eine Doppeldeutigkeit, wenn wir „ἀπάθεια" schnell mit einem Wort wiedergeben und es „impatientia" nennen würden; es kann nämlich das Gegenteil von dem verstanden werden, was wir zu bezeichnen wünschen. Wir wollen denjenigen benennen, der jede Empfindung eines Übels zurückweist: wahrgenommen wird ein solcher, der kein Übel ertragen kann. Überlege also, ob es zweckmäßiger ist, entweder von einem unverwundbaren Charakter zu sprechen oder von einem Charakter, der sich außerhalb von jeder Empfindung gestellt hat.

(3) Dieses hier ist der Unterschied zwischen uns und jenen: unser Weiser gewinnt zwar die Oberhand über jede Widrigkeit, aber er fühlt sie; ihrer nimmt sie nicht einmal wahr. Uns und ihnen gemeinsam ist es, dass sich der Weise auf sich selbst beschränkt. Obgleich er sich selbst genügt, wünscht [der unsere] aber gleichwohl, sowohl einen Freund zu haben als auch einen Nachbarn und Gefährten.

(4) Vide quam sit se contentus: aliquando sui parte contentus est. Si illi manum aut morbus aut hostis exciderit, si quis oculum vel oculos casus excusserit, reliquiae illi suae satisfacient et erit imminuto corpore et amputato tam laetus quam [in] integro fuit; sed quae si desunt non desiderat, non deesse mavult.

(5) Ita sapiens se contentus est, non ut velit esse sine amico sed ut possit; et hoc quod dico 'possit' tale est: amissum aequo animo fert. Sine amico quidem numquam erit: in sua potestate habet quam cito reparet. Quomodo si perdiderit Phidias statuam protinus alteram faciet, sic hic faciendarum amicitiarum artifex substituet alium in locum amissi.

(6) Quaeris quomodo amicum cito facturus sit? Dicam, si illud mihi tecum convenerit, ut statim tibi solvam quod debeo et quantum ad hanc epistulam paria faciamus. Hecaton ait: 'Ego tibi monstrabo amatorium sine medicamento, sine herba, sine ullius veneficae carmine: si vis amari, ama'. Habet autem non tantum usus amicitiae veteris et certae magnam voluptatem sed etiam initium et comparatio novae.

(4) Erkenne, wie er sich genug sein kann: zuweilen beschränkt er sich auf einen Teil seiner selbst. Wenn er die Hand entweder durch eine Krankheit oder einen Feind verliert, wenn ein Unglück ihm ein oder beide Augen raubt, sein Zurückgebliebenes wird ihn zufriedenstellen und er wird mit dem beeinträchtigten und amputierten Körper ebenso froh sein, wie er es mit dem unversehrten war; aber lieber will er, dass diejenigen, die er nicht vermisst, wenn sie fehlen, vorhanden bleiben.

(5) Insofern genügt der Weise sich selbst, dass er sich nicht wünscht, ohne Freund zu sein, sondern dass er es kann; und das, was ich als „kann" bezeichne, ist solcherart beschaffen: er erträgt den Verlust mit gleichmütigem Herzen. Ohne einen Freund wird er selbst dann nicht sein: es liegt in seiner Hand, wie schnell er ihn ersetzen kann. Wie Phidias unverzüglich eine andere Statue erschafft, wenn er eine verdorben hat, so wird dieser Meister im Schließen von Freundschaften an die Stelle desjenigen, den er verloren hat, einen anderen einsetzen.

(6) Du fragst, auf welche Weise er sich schnell befreunden wird? Ich werde es dir sagen, wenn ich mich mit dir darauf geeinigt habe, dass ich dir sofort auszahlen werde, wozu ich verpflichtet bin, und wir mit diesem Brief die Rechnung ausgleichen. Hekaton sagt: „Ich werde dir einen Liebestrank ohne eine Arznei verordnen, ohne eine Kräuterpflanze, ohne den Spruch irgendeiner Zauberin: wenn du geliebt werden willst, liebe". Er betrachtet aber nicht nur die Gewohnheit einer alten und zuverlässigen Freundschaft als eine große Freude, sondern auch den Anfang und das Erlangen einer neuen.

(7) Quod interest inter metentem agricolam et serentem, hoc inter eum qui amicum paravit et qui parat. Attalus philosophus dicere solebat iucundius esse amicum facere quam habere, 'quomodo artifici iucundius pingere est quam pinxisse'. Illa in opere suo occupata sollicitudo ingens oblectamentum habet in ipsa occupatione: non aeque delectatur qui ab opere perfecto removit manum. Iam fructu artis suae fruitur: ipsa fruebatur arte cum pingeret. Fructuosior est adulescentia liberorum, sed infantia dulcior.

(8) Nunc ad propositum revertamur. Sapiens etiam si contentus est se, tamen habere amicum vult, si nihil aliud, ut exerceat amicitiam, ne tam magna virtus iaceat, non ad hoc quod dicebat Epicurus in hac ipsa epistula, 'ut habeat qui sibi aegro assideat, succurrat in vincula coniecto vel inopi', sed ut habeat aliquem cui ipse aegro assideat, quem ipse circumventum hostili custodia liberet. Qui se spectat et propter hoc ad amicitiam venit male cogitat. Quemadmodum coepit, sic desinet: paravit amicum adversum vincla laturum opem; cum primum crepuerit catena, discedet.

(7) Insofern besteht ein Unterschied zwischen dem Bauern, der erntet, und dem, der sät, sowie zwischen dem, der einen Freund gewonnen hat, und dem, der ihn gewinnt. Der Philosoph Attalus pflegte zu sagen, dass es angenehmer ist, einen Freund zu gewinnen, als einen zu haben, „sowie es für den Künstler erfreulicher ist zu malen, als gemalt zu haben". Jene geschäftige Unruhe bei der eigenen künstlerischen Tätigkeit trägt ein außerordentliches Vergnügen durch die Beschäftigung selbst in sich: nicht in gleicher Weise wird erfreut, der seine Hand vom vollendeten Werk abgewendet hat. Von nun an freut er sich über die Frucht seiner Geschicklichkeit: die Kunstfertigkeit an sich hat er genossen, während er malte. Reich an Früchten ist die Jugendzeit der Kinder, aber lieblicher ist die Kindheit.

(8) Nun sollten wir zum Thema zurückkehren. Auch wenn der Weise sich selbst zur Genüge ist, will er trotzdem einen Freund besitzen, um, wenn für nichts anderes, sich in der Freundschaft zu üben, damit ein so großes Vermögen nicht darniederliegt, nicht dazu, was Epikur auch in diesem Brief nannte, „um einen zu haben, der sich im Krankheitsfall ans Bett setzen und der zur Hilfe eilen würde, nachdem man ins Gefängnis geworfen oder mittellos geworden ist", sondern um jemanden zu haben, dem er [der Weise] selbst bei Krankheit beistehen und den er – obgleich von einer feindlichen Bewachung umringt – selbst befreien könnte. Wer an sich selbst denkt und deswegen zu einer Freundschaft gelangt, hat Schlechtes im Sinn. Auf welche Weise auch immer es angefangen hat, so endet es: er hat einen Freund erworben, um ihn angesichts der Fesseln Hilfe zu bringen; sobald zum ersten Mal eine Kette klirrt, wird er verschwinden.

(9) Hae sunt amicitiae quas temporarias populus appellat; qui utilitatis causa assumptus est tamdiu placebit quamdiu utilis fuerit. Hac re florentes amicorum turba circumsedet, circa eversos solitudo est, et inde amici fugiunt ubi probantur; hac re ista tot nefaria exempla sunt aliorum metu relinquentium, aliorum metu prodentium. Necesse est initia inter se et exitus congruant: qui amicus esse coepit quia expedit, <et desinet quia expedit>; placebit aliquod pretium contra amicitiam, si ullum in illa placet praeter ipsam.

(10) 'In quid amicum paras?' Ut habeam pro quo mori possim, ut habeam quem in exsilium sequar, cuius me morti et opponam et impendam: ista quam tu describis negotiatio est, non amicitia, quae ad commodum accedit, quae quid consecutura sit spectat.

(11) Non dubie habet aliquid simile amicitiae affectus amantium; possis dicere illam esse insanam amicitiam. Numquid ergo quisquam amat lucri causa? Numquid ambitionis aut gloriae? Ipse per se amor, omnium aliarum rerum neglegens, animos in cupiditatem formae non sine spe mutuae caritatis accendit. Quid ergo? Ex honestiore causa coit turpis affectus?

(9) Das sind die Freundschaften, die das Volk als wankelmütig bezeichnet; wer aus Zweckmäßigkeit zum Freund genommen wurde, wird solange Beifall finden, wie er nützlich ist. Deswegen bestürmt eine Schar an Freunden den Mächtigen, in der Nähe der Gestürzten herrscht Einsamkeit, und daher entfliehen die Freunde, wenn sie auf die Probe gestellt werden; deswegen gibt es so viele dieser frevelhaften Beispiele der einen, die aus Angst im Stich lassen, der anderen, die aus Angst verraten. Anfang und Ende müssen miteinander harmonieren: wer eine Freundschaft begonnen hat, weil es förderlich ist, wird sie auch beenden, weil es förderlich ist. Irgendein Preis entgegen der Freundschaft wird recht sein, falls irgendetwas ausgenommen ihrer selbst an ihr gefällt.

(10) „Warum erwirbst du einen Freund?" Damit ich jemanden habe, für den ich sterben kann, damit ich jemanden habe, dem ich ins Exil folge, dessen Tod ich mich sowohl entgegenstemme als auch auf mich nehme: auf welche Weise *du* es bestimmst, ist es ein Handelsgeschäft, das sich an das Nützliche wendet, das prüft, was es an Gewinn geben könnte, nicht Freundschaft.

(11) Ohne Zweifel besitzt die Leidenschaft zwischen Liebenden manche Ähnlichkeit mit einer Freundschaft; man könnte sagen, dass eine übertrieben heftige Freundschaft besteht. Ob also vielleicht irgendjemand wegen des Gewinns liebt? Vielleicht wegen der Prunksucht oder des Ruhms? Alle anderen Dinge missachtend, entflammt die Liebe aus sich selbst heraus die Herzen mit der Begierde des Körpers nicht ohne Hoffnung auf eine gegenseitige Wertschätzung. Was also? Gerinnt aus einem ehrbaren Grund eine unsittliche Leidenschaft?

(12) 'Non agitur', inquis, 'nunc de hoc, an amicitia propter se ipsam appetenda sit.' Immo vero nihil magis probandum est; nam si propter se ipsam expetenda est, potest ad illam accedere qui se ipso contentus est. 'Quomodo ergo ad illam accedit?' Quomodo ad rem pulcherrimam, non lucro captus nec varietate fortunae perterritus; detrahit amicitiae maiestatem suam qui illam parat ad bonos casus.

(13) 'Se contentus est sapiens.' Hoc, mi Lucili, plerique perperam interpretantur: sapientem undique submovent et intra cutem suam cogunt. Distinguendum autem est quid et quatenus vox ista promittat: se contentus est sapiens ad beate vivendum, non ad vivendum; ad hoc enim multis illi rebus opus est, ad illud tantum animo sano et erecto et despiciente fortunam.

(14) Volo tibi Chrysippi quoque distinctionem indicare. Ait sapientem nulla re egere, et tamen multis illi rebus opus esse: 'Contra stulto nulla re opus est – nulla enim re uti scit – sed omnibus eget'. Sapienti et manibus et oculis et multis ad cotidianum usum necessariis opus est, eget nulla re; egere enim necessitatis est, nihil necesse sapienti est.

(12) „Es geht jetzt nicht darum", sagst du, „ob eine Freundschaft um ihrer selbst zu erstreben sei." Im Gegenteil muss tatsächlich nichts im höheren Grade geprüft werden; wenn sie nämlich wegen ihrer selbst erstrebenswert ist, kann zu ihr gelangen, der sie sich selbst zur Genüge ist. „Auf welche Weise nähert er sich ihr also?" Wie zu einer schönen Sache, nicht vom Gewinn verleitet und auch nicht vom Wankelmut des Schicksals eingeschüchtert; derjenige entreißt der Freundschaft ihre Erhabenheit, der sie bei nützlicher Gelegenheit ergreift.

(13) „Der Weise genügt sich selbst." Dieses, mein Lucilius, fassen die meisten falsch auf. Überall drängen sie den Weisen zurück und erzwingen seine innere Zurückgezogenheit. Es muss jedoch genau bestimmt werden, was und inwieweit jene Äußerung womöglich verheißt: der Weise ist sich selbst zur Genüge, um ein glückliches Leben zu führen, nicht, um irgendwie zu leben; für dieses benötigt er nämlich viele Dinge, für jenes nur eine reine und aufrechte und das Schicksal verachtende Sinnesart.

(14) Ich will dir auch die genaue Bestimmung von Chrysipp verraten. Er sagt, dass der Weise an nichts Mangel leidet und dass er dennoch viele Dinge braucht: „Dem Toren dagegen bedarf es an nichts – nichts weiß er nämlich zu gebrauchen – aber nach allem sehnt er sich". Der Weise benötigt sowohl Hände als auch Augen als auch zahlreiche lebensnotwendige Dinge für den täglichen Bedarf, nach keiner Sache sehnt er sich; sich nach etwas zu sehnen, ist nämlich das Zeichen eines Zwanges, einem Weisen ist [aber] nichts zwingend notwendig.

(15) Ergo quamvis se ipso contentus sit, amicis illi opus est; hos cupit habere quam plurimos, non ut beate vivat; vivet enim etiam sine amicis beate. Summum bonum extrinsecus instrumenta non quaerit; domi colitur, ex se totum est; incipit fortunae esse subiectum si quam partem sui foris quaerit.

(16) 'Qualis tamen futura est vita sapientis, si sine amicis relinquatur in custodiam coniectus vel in aliqua gente aliena destitutus vel in navigatione longa retentus aut in desertum litus eiectus?' Qualis est Iovis, cum resoluto mundo et dis in unum confusis paulisper cessante natura acquiescit sibi cogitationibus suis traditus. Tale quiddam sapiens facit: in se reconditur, secum est.

(17) Quamdiu quidem illi licet suo arbitrio res suas ordinare, se contentus est et ducit uxorem; se contentus <est> et liberos tollit; se contentus est et tamen non viveret si foret sine homine victurus. Ad amicitiam fert illum nulla utilitas sua, sed naturalis irritatio; nam ut aliarum nobis rerum innata dulcedo est, sic amicitiae. Quomodo solitudinis odium est et appetitio societatis, quomodo hominem homini natura conciliat, sic inest huic quoque rei stimulus qui nos amicitiarum appetentes faciat.

(15) Obgleich er sich also selbst genügt, benötigt er Freunde. Nicht um glücklich zu leben, wünscht er diese, möglichst zahlreich zu haben; er lebt nämlich auch ohne Freunde glücklich. Das höchste Gut fragt nicht nach äußerlichen Hilfsmitteln; es wird im Hause gebildet, es existiert ganz aus sich selbst heraus; es fängt an, des Schicksals Untertan zu sein, wenn es einen Teil von sich außerhalb sucht.

(16) „Wie gestaltet sich das zukünftige Leben des Weisen, wenn er ohne Freunde verbleiben sollte, weil er ins Gefängnis geworfen oder bei irgendeinem fremden Volk zurückgelassen oder auf einer langen Schiffsreise festgehalten oder gar an einen einsamen Strand ausgestoßen wurde?" Gleichwie es nach Art Jupiters ist, wenn er, nach Auflösung der Weltordnung und der Vereinigung der Götter in ein Einziges, in der rastenden Natur, sich seinen Gedanken hingebend, ein Weilchen zur Ruhe kommt. Ein solches macht der Weise: er zieht sich in sich zurück, er existiert für sich.

(17) Solange es ihm nämlich möglich ist, seine Angelegenheiten im eigenen Ermessen zu regeln, ist er sich selbst zur Genüge und heiratet; ist er sich selbst zur Genüge und zeugt Kinder; ist er sich selbst zur Genüge und könnte trotzdem nicht leben, wenn er ohne einen Menschen würde leben wollen. Nicht der eigene Vorteil führt zur Freundschaft, sondern ein naturgegebener Anreiz; denn wie das Bedürfnis anderer Dinge uns angeboren ist, so dasjenige der Freundschaft. Wie es eine Abneigung gegen die Einsamkeit und ein Streben nach Geselligkeit gibt, wie die Natur den Menschen zum Menschen leitet, so wohnt allem auch ein Anreiz inne, der bei uns ein Verlangen nach Freundschaften erzeugt.

(18) Nihilominus cum sit amicorum amantissimus, cum illos sibi comparet, saepe praeferat, omne intra se bonum terminabit et dicet quod Stilbon ille dixit, Stilbon quem Epicuri epistula insequitur. Hic enim capta patria, amissis liberis, amissa uxore, cum ex incendio publico solus et tamen beatus exiret, interroganti Demetrio, cui cognomen ab exitio urbium Poliorcetes fuit, num quid perdidisset, 'omnia', inquit, 'bona mea mecum sunt'.

(19) Ecce vir fortis ac strenuus! Ipsam hostis sui victoriam vicit. 'Nihil', inquit, 'perdidi': dubitare illum coegit an vicisset. 'Omnia mea mecum sunt': iustitia, virtus, prudentia, hoc ipsum, nihil bonum putare quod eripi possit. Miramur animalia quaedam quae per medios ignes sine noxa corporum transeunt: quanto hic mirabilior vir qui per ferrum et ruinas et ignes inlaesus et indemnis evasit! Vides quanto facilius sit totam gentem quam unum virum vincere? Haec vox illi communis est cum Stoico: aeque et hic intacta bona per concrematas urbes fert; se enim ipse contentus est; hoc felicitatem suam fine designat.

(18) Obgleich er den Freunden in herzlicher Liebe verbunden ist, obgleich er jene mit sich auf eine Stufe stellt und oft den Vorzug gibt, wird er trotzdem ein jedes Gut auf sein Inneres begrenzen und sagen, was jener bekannte Stilpon gesagt hat, den Epikur in dem Brief tadelte. Nach der Eroberung der Heimat, dem Verlust der Kinder, dem Verlust der Ehefrau und nachdem er dem staatsverzehrenden Feuer allein und trotzdem glücklich entkommen war, entgegnete er auf die Frage von Demetrios, der wegen der Vernichtung der Städte den Beinamen Poliorketes besaß, was er denn verloren hätte, nämlich dieses: „mein ganzes Vermögen befindet sich bei mir".

(19) Siehe da, ein starker und entschlossener Mann! Er übertrifft selbst den Sieg seiner Feinde. „Nichts", sagt er, „habe ich verloren." Er hat jenen gezwungen zu erwägen, ob [nicht] er den Sieg errungen hatte. „All das Meine führe ich mit mir": Gerechtigkeit, Tapferkeit, Klugheit und eben dies, dass er nichts als Vermögen ansieht, das entrissen werden könnte. Wir bewundern manche Tiere, die ohne Leibesschaden mitten durch ein Feuer hindurchgehen: wie viel bewundernswerter ist ein Mann, der dem Schwert und der Verwüstung und dem Feuer unverletzt entkommen ist! Du siehst, um wie viel leichter es ist, einen ganzen Stamm als einen einzelnen Mann zu besiegen? Diese Aussage ist ihm mit dem Stoiker gemeinsam: in gleicher Weise trägt auch dieser den unbeschädigten Besitz durch niedergebrannte Städte davon; er ist sich nämlich selbst zur Genüge; dadurch bestimmt er bis ans Ende sein Glück.

(20) Ne existimes nos solos generosa verba iactare, et ipse Stilbonis obiurgator Epicurus similem illi vocem emisit, quam tu boni consule, etiam si hunc diem iam expunxi. 'Si cui', inquit, 'sua non videntur amplissima, licet totius mundi dominus sit, tamen miser est.' Vel si hoc modo tibi melius enuntiari videtur – id enim agendum est ut non verbis serviamus sed sensibus: 'Miser est qui se non beatissimum iudicat, licet imperet mundo'.

(21) Ut scias autem hos sensus esse communes, natura scilicet dictante, apud poetam comicum invenies: non est beatus, esse se qui non putat. Quid enim refert qualis status tuus sit, si tibi videtur malus?

(22) 'Quid ergo?', inquis, 'si beatum se dixerit ille turpiter dives et ille multorum dominus sed plurium servus, beatus sua sententia fiet?' Non quid dicat sed quid sentiat refert, nec quid uno die sentiat, sed quid assidue. Non est autem quod verearis ne ad indignum res tanta perveniat: nisi sapienti sua non placent; omnis stultitia laborat fastidio sui. Vale.

————

(20) Du solltest nicht glauben, dass bloß wir edelmütige Worte im Munde führen, auch Epikur selbst, ein Kritiker des Stilpon, hat ein Wort gleich jenem fallen lassen – dieses bedenke du gut, auch wenn ich diesen Tag schon ausgeglichen habe: „Wenn von irgendeinem das Seine nicht als das Bedeutendste betrachtet wird", sagt er, „ist er trotzdem unglücklich, auch wenn er der Herr der ganzen Welt ist". Oder, falls es dir auf diese Weise besser ausgedrückt erscheint – derart muss in der Tat unsere Herangehensweise sein, damit wir nicht den Worten dienen, sondern ihrem Sinngehalt: „Derjenige ist unglücklich, der sich nicht für äußerst glücklich hält, mag er auch die Welt beherrschen".

(21) Damit du nun aber erkennst, dass diese Gedanken von allgemeiner Art sind, offenbar von der Natur diktiert, wirst du beim Komödiendichter geschrieben finden: der ist nicht glücklich, der nicht glaubt, dass er es ist. Was macht es nämlich aus, wie beschaffen deine Lage ist, wenn sie dir schlecht erscheint?

(22) „Wie also", sagst du, „wenn sich jener, der schändlich reich ist, und jener, der Herr von vielen, aber Sklave allzu vieler ist, glücklich nennt, wird er nach seinem Wille glücklich sein?" Es kommt nicht darauf an, was er sagt, sondern was er fühlt, und nicht, was er an einem Tag, sondern was er fortwährend fühlt. Es ist jedoch nicht so, was du wohl fürchtest, dass ein so großer Besitz zu einem Unwürdigen gelangt: das Seine gefällt nur dem Weisen; alle Torheit leidet Überdruss an sich selbst. Lebe wohl.

Epistula X

Seneca Lucilio suo Salutem

(1) Sic est, non muto sententiam: fuge multitudinem, fuge paucitatem, fuge etiam unum. Non habeo cum quo te communicatum velim. Et vide quod iudicium meum habeas: audeo te tibi credere. Crates, ut aiunt, huius ipsius Stilbonis auditor, cuius mentionem priore epistula feci, cum vidisset adulescentulum secreto ambulantem, interrogavit quid illic solus faceret. 'Mecum', inquit, 'loquor.' Cui Crates 'cave' inquit 'rogo et diligenter attende: cum homine malo loqueris'.

(2) Lugentem timentemque custodire solemus, ne solitudine male utatur. Nemo est ex imprudentibus qui relinqui sibi debeat; tunc mala consilia agitant, tunc aut aliis aut ipsis futura pericula struunt, tunc cupiditates improbas ordinant; tunc quidquid aut metu aut pudore celabat animus exponit, tunc audaciam acuit, libidinem irritat, iracundiam instigat. Denique quod unum solitudo habet commodum, nihil ulli committere, non timere indicem, perit stulto: ipse se prodit. Vide itaque quid de te sperem, immo quid spondeam mihi – spes enim incerti boni nomen est: non invenio cum quo te malim esse quam tecum.

Brief 10

Seneca grüßt seinen Lucilius,

(1) So ist es, meine Anschauung ändere ich nicht: meide die Menge, meide die wenigen, meide selbst den einen. Keinen habe ich, mit dem ich dich in einem gedanklichen Austausch wünschen würde. Und sieh hin, damit du meine Beurteilung kennst: ich wage es, dich dir selbst anzuvertrauen. Krates, wie man sagt, selbst ein Schüler des erwähnten Stilpon, den ich in einem früheren Briefe erwähnte, fragte, als er einen jungen Mann gesehen hat, der einsam spazieren ging, was er an jenem Ort alleine machen würde: „Ich spreche mit mir selbst", antwortete der. Ihm hat Krates entgegnet: „Ich bitte dich, sei vorsichtig und gib gründlich acht: du sprichst mit einem schlechten Menschen."

(2) Wir sind es gewohnt, den Trauernden und Ängstlichen zu behüten, damit er von der Einsamkeit keinen schlechten Gebrauch macht. Unter den Unverständigen gibt es keinen, der sich selbst überlassen werden sollte; dann verfolgen sie böse Pläne, dann ersinnen sie zukünftige Gefahren entweder für die anderen oder sich selbst, dann ordnen sie ihre verderblichen Gelüste; dann tritt der Charakter zu Tage, den jeder entweder aus Angst oder Scham verheimlicht hat, dann steigert er die Tollkühnheit, erregt die Wollust, stachelt den Jähzorn an. Kurzum, das einzig Dienliche, das die Einsamkeit besitzt – sich nicht irgendeinem anzuvertrauen, nicht den Verräter zu fürchten – geht dem geistig Schwachen verloren: er gibt sich selbst preis. Schau also, was ich von dir erhoffe, ja vielmehr, was ich mir verspreche – Hoffnung steht nämlich als Bezeichnung für ein ungewisses Gut: ich finde niemanden, mit dem ich dich lieber zusammen sein wünschte als mit dir selbst.

(3) Repeto memoria quam magno animo quaedam verba proieceris, quanti roboris plena: gratulatus sum protinus mihi et dixi, 'non a summis labris ista venerunt, habent hae voces fundamentum; iste homo non est unus e populo, ad salutem spectat'.

(4) Sic loquere, sic vive; vide ne te ulla res deprimat. Votorum tuorum veterum licet deis gratiam facias, alia de integro suscipe: roga bonam mentem, bonam valetudinem animi, deinde tunc corporis. Quidni tu ista vota saepe facias? Audacter deum roga: nihil illum de alieno rogaturus es.

(5) Sed ut more meo cum aliquo munusculo epistulam mittam, verum est quod apud Athenodorum inveni: 'Tunc scito esse te omnibus cupiditatibus solutum, cum eo perveneris ut nihil deum roges nisi quod rogare possis palam'. Nunc enim quanta dementia est hominum! Turpissima vota dis insusurrant; si quis admoverit aurem, conticiscent, et quod scire hominem nolunt deo narrant. Vide ergo ne hoc praecipi salubriter possit: sic vive cum hominibus tamquam deus videat, sic loquere cum deo tamquam homines audiant. Vale.

—————

(3) Ich rufe mir ins Gedächtnis zurück, wie du mit beträchtlicher Leidenschaft einige Worte vorgebracht hast, erfüllt von so großer Stärke: ich beglückwünschte mich sogleich und sagte: „Die sind nicht vom äußersten Lippenrand gekommen, diese Worte besitzen eine Grundlage; der Mann da ist nicht einer aus der Menge, er trachtet nach dem Glück."

(4) Sprich auf diese Weise, lebe auf diese Weise, achte darauf, dass nicht irgendeine Sache dich niederdrückt. Die Gunst deiner früheren Gebete magst du den Göttern überlassen, verrichte du von neuem andere, ersuche um einen ehrbaren Charakter, um eine gute Gesundheit des Geistes, darauf erst des Körpers. Warum solltest du diese Gebete nicht oft verrichten? Furchtlos ersuche einen Gott: du wirst ihn um kein fremdes Gut bitten.

(5) Aber, wie es meine Gewohnheit ist, werde ich den Brief mit einem kleinen Geschenk abschicken: richtig ist, was ich bei Athenodor gefunden habe: „Du sollst wissen, dass du ab diesem Augenblick frei von allen Begierden bist, wenn du dahin gelangst, dass du nichts von einem Gott erbittest, als das, was du vor allen Augen erbitten kannst." Wie groß ist nun freilich der Unverstand der Menschen! Sie flüstern den Göttern die schrecklichsten Gebete zu; falls irgendwer horchen sollte, verstummen sie, und was sie nicht wollen, dass ein Mensch es weiß, erzählen sie einem Gott. Erwäge also, ob dieses nicht vernünftigerweise gelehrt werden sollte: lebe so mit den Menschen, als ob ein Gott zusehen würde, sprich so mit einem Gott, als ob die Menschen es hörten. Lebe wohl.

━━━━━

Epistula XI

Seneca Lucilio suo Salutem

(1) Locutus est mecum amicus tuus bonae indolis, in quo quantum esset animi, quantum ingenii, quantum iam etiam profectus, sermo primus ostendit. Dedit nobis gustum, ad quem respondebit; non enim ex praeparato locutus est, sed subito deprehensus. Ubi se colligebat, verecundiam, bonum in adulescente signum, vix potuit excutere; adeo illi ex alto suffusus est rubor. Hic illum, quantum suspicor, etiam cum se confirmaverit et omnibus vitiis exuerit, sapientem quoque sequetur. Nulla enim sapientia naturalia corporis aut animi vitia ponuntur: quidquid infixum et ingenitum est lenitur arte, non vincitur.

(2) Quibusdam etiam constantissimis in conspectu populi sudor erumpit non aliter quam fatigatis et aestuantibus solet, quibusdam tremunt genua dicturis, quorundam dentes colliduntur, lingua titubat, labra concurrunt: haec nec disciplina nec usus umquam excutit, sed natura vim suam exercet et illo vitio sui etiam robustissimos admonet.

(3) Inter haec esse et ruborem scio, qui gravissimis quoque viris subitus affunditur. Magis quidem in iuvenibus apparet, quibus et plus caloris est et tenera frons; nihilominus et veteranos et senes tangit. Quidam numquam magis quam cum erubuerint timendi sunt, quasi omnem verecundiam effuderint;

Brief 11

Seneca grüßt seinen Lucilius,

(1) Dein Freund, ein tüchtiger Charakter, hat mit mir gesprochen; welch großer Verstand, welch große Begabung in ihm steckt – und welch große Fortschritte er bereits jetzt gemacht hat, zeigte die erste Unterhaltung. Sie gab uns einen Vorgeschmack, dem er entsprechen wird; er hat nämlich nicht mit Vorbereitung gesprochen, sondern nachdem er unerwartet angetroffen wurde. Als er sich sammelte, konnte er die Schüchternheit – ein gutes Zeichen bei Heranwachsenden – nur mit Mühe abschütteln; so sehr hat ihn aus der Tiefe heraus eine Röte überzogen. Dieses wird ihn, soviel ich vermute, auch als Weisen verfolgen, selbst wenn er sich gefestigt und alle schlechten Eigenschaften abgelegt haben wird. Durch keine Weisheit nämlich werden naturgegebene Fehler des Körpers oder des Geistes abgelegt: was auch immer eingeprägt und angeboren ist, wird durch Geschicklichkeit gemildert, nicht besiegt.

(2) Auch einigen der Standhaftesten bricht beim Anblick einer Menge der Schweiß aus, nicht anders als es oft bei Erschöpften oder Erhitzten geschieht, einigen zittern die Knie beim Sprechen, bei manchen klappern die Zähne aufeinander, stolpert die Zunge, schließen sich die Lippen: weder Erziehung noch Übung treibt dieses jemals aus, sondern die Natur übt ihre Macht aus und daran erinnert sie mit jenem Fehler sogar die Stärksten.

(3) Ich weiß, dass sich unter diesen überdies das Erröten befindet, das sich auch über die bedeutendsten Männern plötzlich ergießt. Sicherlich tritt es stärker in Erscheinung bei jungen Männern, die sowohl ein mehr an Leidenschaft als auch ein zarteres Gesicht besitzen; nichtsdestotrotz trifft es auch Veteranen und auch Greise. Manche müssen nie mehr gefürchtet werden, als wenn sie erröten, gleichwie sie jede Zurückhaltung fortgeschleudert hätten.

(4) Sulla tunc erat violentissimus cum faciem eius sanguis invaserat. Nihil erat mollius ore Pompei; numquam non coram pluribus rubuit, utique in contionibus. Fabianum, cum in senatum testis esset inductus, erubuisse memini, et hic illum mire pudor decuit.

(5) Non accidit hoc ab infirmitate mentis sed a novitate rei, quae inexercitatos, etiam si non concutit, movet naturali in hoc facilitate corporis pronos; nam ut quidam boni sanguinis sunt, ita quidam incitati et mobilis et cito in os prodeuntis.

(6) Haec, ut dixi, nulla sapientia abigit: alioquin haberet rerum naturam sub imperio, si omnia eraderet vitia. Quaecumque attribuit condicio nascendi et corporis temperatura, cum multum se diuque animus composuerit, haerebunt; nihil horum vetari potest, non magis quam accersi.

(7) Artifices scaenici, qui imitantur affectus, qui metum et trepidationem exprimunt, qui tristitiam repraesentant, hoc indicio imitantur verecundiam. Deiciunt enim vultum, verba summittunt, figunt in terram oculos et deprimunt: ruborem sibi exprimere non possunt; nec prohibetur hic nec adducitur. Nihil adversus haec sapientia promittit, nihil proficit: sui iuris sunt, iniussa veniunt, iniussa discedunt.

(4) Sulla war dann am gewalttätigsten, nachdem Blut sein Antlitz überkommen hatte. Für nichts besaß das Gesicht des Pompeius eine leichtere Empfänglichkeit; immer errötete er in der Gegenwart einer Menschenmenge, besonders in den Volksversammlungen. Ich erinnere mich, dass Fabian schamrot wurde, nachdem er im Senat als Zeuge hineingeführt worden war, und diese Schüchternheit schmückte ihn außerordentlich.

(5) Dieses geschieht nicht durch eine Schwäche des Charakters, sondern durch eine Ungewöhnlichkeit der Umstände, welche die Unerfahrenen, durch einen angeborenen Wesenszug des Körpers dafür Anfälligen – wenn auch nicht erschüttert – in Unruhe versetzt; denn wie manche ein günstiges, so besitzen etliche ein heftiges, erregbares und auch schnell ins Gesicht dringendes Blut.

(6) Dieses, wie erwähnt, treibt keine Weisheit aus: andernfalls würde sie, wenn sie alle Fehler tilgen könnte, das Wesen der Natur unter ihrer Herrschaft halten. Alles wird haften bleiben, was durch das Los der Geburt und des Körpers zugeteilt wurde, obgleich sich ein Charakter unablässig und über eine lange Zeit formt. Nichts davon kann verhindert, ebenso wenig wie gefordert werden.

(7) Die theatralischen Künstler, die Gemütsbewegungen nachahmen, die Furcht und Unruhe ausdrücken, die Trauer veranschaulichen, stellen mit folgendem Merkmal die Schüchternheit dar. Sie senken sicherlich den Blick, lassen im Ausdruck nach, richten die Augen fest auf den Boden und halten sie nieder: eine Schamröte können sie sich nicht abnötigen; weder lässt sie sich verhindern, noch herbeiführen. Nichts verheißt die Weisheit gegen diese, nichts bewirkt sie: sie beruhen auf eigenem Recht, sie erscheinen von selbst, sie verschwinden von selbst.

(8) Iam clausulam epistula poscit. Accipe, et quidem utilem ac salutarem, quam te affigere animo volo: 'Aliquis vir bonus nobis diligendus est ac semper ante oculos habendus, ut sic tamquam illo spectante vivamus et omnia tamquam illo vidente faciamus'.

(9) Hoc, mi Lucili, Epicurus praecepit; custodem nobis et paedagogum dedit, nec immerito: magna pars peccatorum tollitur, si peccaturis testis assistit. Aliquem habeat animus quem vereatur, cuius auctoritate etiam secretum suum sanctius faciat. O felicem illum qui non praesens tantum sed etiam cogitatus emendat! O felicem qui sic aliquem vereri potest ut ad memoriam quoque eius se componat atque ordinet! Qui sic aliquem vereri potest cito erit verendus.

(10) Elige itaque Catonem; si hic tibi videtur nimis rigidus, elige remissioris animi virum Laelium. Elige eum cuius tibi placuit et vita et oratio et ipse animum ante se ferens vultus; illum tibi semper ostende vel custodem vel exemplum. Opus est, inquam, aliquo ad quem mores nostri se ipsi exigant: nisi ad regulam prava non corriges. Vale.

———————

(8) Schon verlangt der Brief nach einem Schlusswort. Empfange, gewiss auch ein brauchbares und nützliches, von dem ich wünsche, dass du es dir im Gedächtnis einprägst: „Irgendeinen tüchtigen Mann müssen wir verehren und immer vor Augen haben, damit wir so leben, als ob jener uns prüft, und alles verrichten, als ob jener uns zuschaut."

(9) Dies, mein Lucilius, lehrte Epikur; er hat uns einen Wächter und einen Lehrer zugeteilt: ein großer Teil der Fehltritte wird vereitelt, wenn zu denen, die eine Verfehlung begehen wollen, ein Zeuge herantritt. Der Geist sollte jemanden haben, den er achtet, dessen Vorbild seine Gedanken noch tugendhafter macht. Oh jener Glücklicher, der nicht nur in Anwesenheit verbessert, sondern auch in Gedanken! Oh Glücklicher, der auf eine Weise jemanden verehren kann, dass er sich auch in der Erinnerung an ihn bildet und ordnet! Wer jemanden derart verehren kann, wird [selbst] schnell verehrungswürdig sein.

(10) Daher wähle Cato aus; wenn dieser von dir als allzu streng angesehen wird, wähle Laelius, einen Mann von gelassenerer Gemütsart. Wähle den, von dem dir sowohl der Lebenswandel, als auch die Rede und selbst der Gesichtsausdruck, der den Charakter widerspiegelt, gefallen haben; diesen halte dir immer vor Augen, entweder als Wächter oder als Beispiel. Man braucht jemanden, ich sagte es, an dem unser Charakter sich unmittelbar prüfen sollte; Krümmungen wirst du nur im Verhältnis zu einer Richtschnur begradigen. Lebe wohl.

———————

Epistula XII

Seneca Lucilio suo Salutem

(1) Quocumque me verti, argumenta senectutis meae video. Veneram in suburbanum meum et querebar de impensis aedificii dilabentis. Ait vilicus mihi non esse neglegentiae suae vitium, omnia se facere, sed villam veterem esse. Haec villa inter manus meas crevit: quid mihi futurum est, si tam putria sunt aetatis meae saxa?

(2) Iratus illi proximam occasionem stomachandi arripio. 'Apparet', inquam, 'has platanos neglegi: nullas habent frondes. Quam nodosi sunt et retorridi rami, quam tristes et squalidi trunci! Hoc non accideret si quis has circumfoderet, si irrigaret.' Lurat per genium meum se omnia facere, in nulla ro ooooaro ouram ouam, ood illao votulao oooo. Quod intra noo oit, ego illas posueram, ego illarum primum videram folium.

(3) Conversus ad ianuam: 'Quis est iste?', inquam. 'Iste decrepitus et merito ad ostium admotus? Foras enim spectat. Unde istunc nanctus es? Quid te delectavit: alienum mortuum tollere?' At ille: 'Non cognoscis me?' Inquit: 'Ego sum Felicio, cui solebas sigillaria afferre; ego sum Philositi vilici filius, deliciolum tuum'. 'Perfecte', inquam, 'iste delirat: pupulus, etiam delicium meum factus est? Prorsus potest fieri: dentes illi cum maxime cadunt.'

Brief 12

Seneca grüßt seinen Lucilius,

(1) Wohin auch immer ich mich wende, ich sehe Beweise für mein hohes Alter. Ich war auf meinem Landgut angekommen und beklagte mich über die Kosten für das zerfallende Gehöft. Der Verwalter erklärt mir, dass dies nicht die Schuld seiner Nachlässigkeit ist, dass er alles tue, dass aber die Villa alt ist. Diese Villa entstand unter meinen Händen: was kann mir die Zukunft bringen, wenn Steine meines Alters so sehr verfallen sind?

(2) Verärgert ergreife ich die nächste Gelegenheit, um ihn wütend anzufahren. „Es scheint", sage ich, „dass diese Platanen vernachlässigt werden. Sie haben keine Blätter. Wie knotig und vertrocknet die Äste, wie hart und rauh die Stämme sind! Das wäre nicht geschehen, wenn jemand ringsum den Boden lockern würde, wenn jemand sie bewässern würde." Er schwört bei meinem Schutzgeist, dass er alles tue, dass seine Aufmerksamkeit in nichts nachlasse, dass jene aber alt sind. Insofern sollte es unter uns bleiben, dass ich jene gepflanzt hatte, dass ich das erste Blatt von ihnen gesehen hatte.

(3) „Wer ist dieser da?", sagte ich zum Eingang zurückgewandt. „Dieser altersschwache und daher aus gutem Grund an die Haustür gesetzte? Zurecht schaut er nach draußen. Woher hast du den da bekommen? Was erfreute dich daran, eine fremde Leiche aufzunehmen?" Aber der genannte entgegnet: „Kennst du mich nicht? Ich bin Felicio, dem du gewöhnlich die kleinen Figürchen mitgebracht hast; ich bin der Sohn des Verwalters Philositus, dein kleiner Liebling." „Der muss vollkommen wahnsinnig sein", rufe ich aus. „Das Bübchen, das obendrein noch mein Entzücken geweckt hat? Es kann durchaus möglich sein: Eben erst fallen ihm die Zähne aus."

(4) Debeo hoc suburbano meo, quod mihi senectus mea quocumque adverteram apparuit. Complectamur illam et amemus; plena <est> voluptatis, si illa scias uti. Gratissima sunt poma cum fugiunt; pueritiae maximus in exitu decor est; deditos vino potio extrema delectat, illa quae mergit, quae ebrietati summam manum imponit;

(5) quod in se iucundissimum omnis voluptas habet in finem sui differt. Iucundissima est aetas devexa iam, non tamen praeceps, et illam quoque in extrema tegula stantem iudico habere suas voluptates; aut hoc ipsum succedit in locum voluptatium, nullis egere. Quam dulce est cupiditates fatigasse ac reliquisse!

(6) 'Molestum est', inquis, 'mortem ante oculos habere.' Primum ista tam seni ante oculos debet esse quam iuveni – non enim citamur ex censu; deinde nemo tam sene est ut improbe unum diem speret. Unus autem dies gradus vitae est. Tota aetas partibus constat et orbes habet circumductos maiores minoribus: est aliquis qui omnis complectatur et cingat – hic pertinet a natali ad diem extremum; est alter qui annos adulescentiae excludit; est qui totam pueritiam ambitu suo adstringit; est deinde per se annus in se omnia continens tempora, quorum multiplicatione vita componitur; mensis artiore praecingitur circulo; angustissimum habet dies gyrum, sed et hic ab initio ad exitum venit, ab ortu ad occasum.

(4) Ich verdanke es meinem Landgut, das, wohin auch immer ich meine Aufmerksamkeit gelenkt hatte, mir mein Greisenalter offenkundig gemacht hat. Lasst es uns pflegen und lieben; es ist voller Freude, wenn du es zu nutzen weißt. Das Obst ist am lieblichsten, sobald es vergeht; die größte Anmut erreicht man am Ende der Jugend; der dem Wein verfallen ist, den erfreut der letzte Trank – jenem, der ihn versinken lässt, der ihm den Rausch mit vollkommenster Hand aufdrückt;

(5) das Angenehmste von allem, welches die Lust besitzt, schiebt sie auf bis zu ihrem Ende. Das sich bereits neigende Alter – jedoch nicht dasjenige, das sich zum Ende neigt – ist am angenehmsten, und ich meine, dass ebenso jenes seine Freude innehat, das auf dem äußersten Ziegel steht; oder es tritt sogar an die Stelle der sinnlichen Vergnügungen, nichts zu vermissen. Wie angenehm es ist, seine Begierden ermüdet und sogar hinter sich gelassen zu haben.

(6) „Es ist verdrießlich", sagst du, „den Tod vor Augen zu haben." Erstens ist er von Beginn an bestimmt, ebenso dem Greis wie dem jungen Mann vor Augen zu stehen – er wird sicherlich nicht gemäß der Bürgerliste herbeigerufen; sodann ist niemand so bejahrt, dass er nicht unersättlich auf nur einen einzigen Tag hofft. Ein Tag ist nämlich eine Stufe des Lebens. Das ganze Leben besteht aus Teilen und es weist Kreise auf, wobei die größeren um die kleineren herumgezogen wurden: es gibt einen, der enthält und umschlingt alles – dieser erstreckt sich von der Geburt bis zum letzten Tag; es gibt einen anderen, der die Jahre der Jugend absondert; einer existiert, der die ganze Kindheit mit seinem Umfang erfasst; es ist ferner das Jahr an sich vorhanden, das alle Zeitpunkte einschließt, durch deren Vervielfältigung das Leben zusammengesetzt wird; der Monat wird von einem engeren Kreis umgeben; die engste Kreisbahn besitzt der Tag, doch auch dieser rückt vom Anfang zum Ende heran, vom Aufgang zum Untergang.

(7) Ideo Heraclitus, cui cognomen fecit orationis obscuritas, 'unus', inquit, 'dies par omni est'. Hoc alius aliter excepit. Dixit enim <alius> parem esse horis, nec mentitur; nam si dies est tempus viginti et quattuor horarum, necesse est omnes inter se dies pares esse, quia nox habet quod dies perdidit. Alius ait parem esse unum diem omnibus similitudine; nihil enim habet longissimi temporis spatium quod non et in uno die invenias, lucem et noctem, et in alternas mundi vices plura facit ista, non <alia>: alias contractior, alias productior.

(8) Itaque sic ordinandus est dies omnis tamquam cogat agmen et consummet atque expleat vitam. Pacuvius, qui Syriam usu suam fecit, cum vino et illis funebribus epulis sibi parentaverat, sic in cubiculum ferebatur a cena ut inter plausus exoletorum hoc ad symphoniam caneretur:

,βεβίωται, βεβίωται'

(9) Nullo non se die extulit. Hoc quod ille ex mala conscientia faciebat nos ex bona faciamus, et in somnum ituri laeti hilaresque dicamus, 'vixi et quem dederat cursum fortuna peregi'. Crastinum si adiecerit deus, laeti recipiamus. Ille beatissimus est et securus sui possessor qui crastinum sine sollicitudine exspectat; quisquis dixit 'vixi' cotidie ad lucrum surgit.

(7) Deswegen sagte Heraklit, dessen Ausdrucksweise ihm den Beinamen ‚der Dunkle' einbrachte: „Ein Tag ist gleich allen." Das hat der eine so, der andere so aufgenommen. Der eine erklärte nämlich, dass er an Stunden gleich ist, und das ist nicht verkehrt; denn wenn der Tag eine Zeitdauer von 24 Stunden besitzt, ist es notwendig, dass alle Tage einander gleich sind, weil die Nacht besitzt, was der Tag verloren hat. Ein anderer sagt, dass ein Tag durch die Ähnlichkeit zu allen gleich ist, denn auch die längste Zeitdauer hält nichts inne, was du nicht auch an einem Tage entdecken könntest, Licht und Dunkelheit, und in den wechselnden Schicksalen der Welt bringt dieser vieles hervor, nichts anderes, bald kürzer, bald länger.

(8) Deshalb muss man jeden Tag so einrichten, als ob er den Trupp schließen und das Leben zur Vollkommenheit bringen und beenden würde. Pacuvius, der sich Syrien zu seinem Eigentum gemacht hat, wurde, immer wenn er sich mit Wein und jenen verderblichen Festmahlen selbst das Totenopfer dargebracht hatte, derart vom Essen in sein Schlafgemach getragen, dass unter Klatschen der Lustknaben dieses zur Musikbegleitung gesungen wurde:

„Es ist ausgelebt, ausgelebt!"

(9) Jeden Tag hat er sich zu Grabe getragen. Das, was jener aus schlechtem Bewusstsein tat, sollten wir aus gutem tun, und wenn wir in den Schlaf gleiten wollen, sollten wir froh und heiter sagen: „Ich habe gelebt und vollendet, was das Schicksal in seinem Lauf bestimmt hatte". Wenn der Schutzgott einen morgigen Tag hinzufügt, lasst ihn uns froh annehmen. Jener ist am glücklichsten und unbekümmerter Herr seiner selbst, der den nächsten Tag ohne Besorgnis erwartet; wer auch immer sagte: „Ich habe gelebt", erhebt sich Tag für Tag mit Gewinn.

(10) Sed iam debeo epistulam includere. 'Sic', inquis, 'sine ullo ad me peculio veniet?' Noli timere: aliquid secum fert. Quare aliquid dixi? Multum. Quid enim hac voce praeclarius quam illi trado ad te perferendam? 'Malum est in necessitate vivere, sed in necessitate vivere necessitas nulla est.' Quidni nulla sit? Patent undique ad libertatem viae multae, breves faciles. Agamus deo gratias quod nemo in vita teneri potest: calcare ipsas necessitates licet.

(11) 'Epicurus', inquis, 'dixit: quid tibi cum alieno?' Quod verum est meum est; perseverabo Epicurum tibi ingerere, ut isti qui in verba iurant nec quid dicatur aestimant, sed a quo, sciant quae optima sunt esse communia. Vale.

———————

(10) Aber schon muss ich den Brief beenden. „Er wird so ohne weiteres, ohne irgendeine Zuwendung zu mir kommen?", fragst du. Fürchte dich nicht: er bringt etwas mit sich. Weshalb habe ich etwas gesagt? Vieles. Was ist denn großartiger als dieser Spruch, den ich ihm zur Übergabe an dich weitergebe. „Es ist schlimm, in der Unvermeidlichkeit zu leben, aber es gibt keinen Zwang, in der Unvermeidlichkeit zu leben." Warum soll sie unbedeutend sein? Überall stehen viele kurze und leichte Wege zur Freiheit offen. Lasst uns dem Schutzgott danken, dass niemand im Leben gehalten werden kann: Es ist möglich, selbst die Unvermeidlichkeiten mit Füßen zu treten.

(11) „Epikur", wendest du ein, „hat gesagt: Was befasst Du dich mit einem Fremden?" Was wahr ist, ist mein; ich werde darauf beharren, dir Epikur anzuführen, damit diejenigen, die auf Worte schwören und nicht bewerten, was behauptet wird, sondern von wem, wissen sollen, dass die [Sprüche] am besten sind, die zum Gemeingut gehören. Lebe wohl.

————